歷史與文化研究

八　編

第 5 冊

民國政府西北民族政策研究（下）

郭　勝　利　著

花木蘭文化事業有限公司

國家圖書館出版品預行編目資料

民國政府西北民族政策研究（下）／郭勝利 著 — 初版 — 新
北市：花木蘭文化事業有限公司，2018〔民 107〕
目 2+150 面；19×26 公分
（民國歷史與文化研究 八編；第 5 冊）
ISBN 978-986-485-495-0（精裝）
1. 民族政策 2. 民國史
628.08　　　　　　　　　　　　　　　107011557

ISBN-978-986-485-495-0

9 789864 854950

民國歷史與文化研究
八 編 第五冊　　　　　　　ISBN：978-986-485-495-0

民國政府西北民族政策研究（下）

作　　者　郭勝利
總 編 輯　杜潔祥
副總編輯　楊嘉樂
編　　輯　許郁翎、王　筑　美術編輯　陳逸婷
出　　版　花木蘭文化事業有限公司
發 行 人　高小娟
聯絡地址　235 新北市中和區中安街七二號十三樓
　　　　　電話：02-2923-1455／傳真：02-2923-1452
網　　址　http://www.huamulan.tw 信箱 hml 810518@gmail.com
印　　刷　普羅文化出版廣告事業
初　　版　2018 年 9 月
全書字數　280839 字
定　　價　八編 10 冊（精裝）台幣 18,000 元

民國政府西北民族政策研究(下)

郭勝利 著

第八章 民國政府西北民族政策
（1937～1945）

　　抗日戰爭爆發後，隨著華北、東南地區淪陷，西北的國防意義日趨明顯。國民政府重新調整了西北民族政策。對於國民政府西北民族政策的形成、調整、完善，可謂是諸多因素影響之結果。

第一節　問題所在

　　孫殿英事件之後，國民政府與西北諸馬之間的利益衝突得到了調整。但是，隨著中國工農紅軍的到來、侵華戰爭的爆發、以及後來中蘇關係的變化，國民政府西北之民族政策受到了來自各方的挑戰。

一、日本西北民族政策及對西北之活動

　　1938 年 7 月 8 日，日本政府在「五相會議」上通過《時局的發展與對支那謀略》，針對中國西北地區確定了「推進回教工作，在西北地區設立以回教徒為基礎的防共地帶」。〔註1〕早在 1918 年，日本陸軍參謀本部就「認為有在庫倫、新疆方面擴充情報網的必要」，〔註2〕「新疆迪化方面，派遣在鄉軍人下士佐田

〔註 1〕《時局二伴う対支謀略》，昭和十三年七月八日，外務省記錄/A 門 政治、外交/1 類 帝國外交/1 項支那國/支那事變關係一件 第十四卷 25。外務省外交史料館藏。JACAR 系統查詢編碼 B0203540000.文件名《時局に伴う対支謀略》。
〔註 2〕《臨時軍費使用ノ件》，大正七年四月，陸軍省大日記/歐受大日記。防衛省防

繁治前往，以宗教研究爲目的，同時進行諜報活動」。〔註3〕其主要之目的在於「隨時局進展，偵探俄德設在支那西北邊境的設施，以便及時採取共同行動阻止」，〔註4〕「支那的回教，根據對它如何進行利用，可以使其在調整整個遠東問題上發揮出一種有力的作用」。〔註5〕並「企圖從政治和軍事的角度利用伊斯蘭教」，「在興亞的理想基礎上嘗試與伊斯蘭教進行交流」。〔註6〕

　　1937 年 11 月 22 日，「西北回教民族文化協會」成立，其主要目的在於「爲了防止蘇聯勢力對外蒙方面到內蒙及西北支那一帶的滲透，在這一帶遏制和排除共產主義的侵入而採取的一個策略，就是正在進行中的對各地回教徒的懷柔，以及策劃掀起排蘇反共運動」，〔註7〕1939 年 1 月 13 日，日駐張家口森岡總領事向有田外務大臣去電，對帝國支那西北民族民族政策做一補充，「爲了操縱和指導這些回教徒，並以此爲基礎密切聯絡居住在西北五省的回民族」，「對二十歲以上三十歲以下的回教青年進行精神訓練，並在各地清眞寺附屬的阿拉伯小學中增設了日語科目」。〔註8〕之後，日駐承德代理領事在向廣田電文中進一步補充，西北工作「首先支持五馬聯盟，使其從蔣政權中完全獨立出來，然後進入中亞，促使該地區各國獨立或排除第三國的影響，在

衛研究所藏。JACAR 系統查詢編碼 C03024894800，文件名爲《臨時軍費使用の件》。

〔註 3〕《諜報機關配置ノ件報告》，大正七年四月，陸軍省大日記/密大日記/《密大日記 4 冊の內 1》。防衛省防衛研究所藏。JACAR 系統查詢編碼 C03022435700，文件名爲《諜報機關配置の件報告》。

〔註 4〕《蒙古及新疆地方諜報機關配置ノ件》，大正七年，陸軍省大日記/密大日記/《密大日記 4 冊の內 1》。防衛省防衛研究所藏。JACAR 系統查詢編碼 C03022436400，文件名爲《蒙古及新疆地方諜報機關配置の件》

〔註 5〕《印刷物送付之件通達》，大正十一年八月三十日，陸軍省大日記/歐受大日記《歐受大日記 自 08 月至 09 月》。防衛省防衛研究所藏。JACAR 系統查詢編碼 C03025355100，文件名爲《印刷物送付の件》。

〔註 6〕坪內隆彥：《イスラー先驅者田中逸平・試論》，http：//www.asia2020.jp/islam/tanaka_shiron.htm.

〔註 7〕《西北回教民族文化協會ノ組織二関スル件》，昭和十二年十二月十八日，外務省記錄 I 門 文化、宗教、衛生、勞働及社會問題/1 類 文化、文化設施/各國於協會及文化團體關係雜件/中國部 52.外務省外交史料館藏。JACAR 系統查詢編碼 B04012396100 。

〔註 8〕《第六號ノ一（部外極秘）》，昭和十四年一月十三日，外務省記錄/I 門 文化、宗教、衛生、勞働及社會問題/2 類 宗教、神社、寺院、教會/各國二於ケル宗教及布教關係雜件/回教關係 第二卷 3.中國分割 1 。外務省外交史料館藏。JACAR 系統查詢編碼 B04012550400 。

皇國之慈光下完成東洋的皇道聯盟」。〔註9〕

　　對於活動在中國西北地區的回族軍閥，日駐上海總領事日高信六郎曾經向廣田外相提出「馴服了青海的馬步芳，切斷從哈密經蘭州至西安的通道，並因此切斷『蘇』聯邦向漢口政府提供武器的道路，就掐住了漢口政府的命門」，〔註10〕隨之，日方就派員「潛入寧夏方面」，「爲了從當地通報其後的進展情況，一名同盟幹部已於九日飛往包頭」，「向馬鴻賓、馬義忠派出了密使，同盟幹部則從分散駐屯於五原周邊的共產軍的空隙中穿過，進入了臨河」。〔註11〕對於諸馬而言，通日之行爲勢必會危及其自身統治，但在武器裝備諸方面又不得不對於日方有所依賴。日軍「考慮到在額濟納機關等保持聯繫問題上，可以利用他們」，〔註12〕因此，在暗中亦加大了對諸馬之爭取。額濟納日特事件之後，馬步芳就槍殺日諜報人員對日方做了如下說明「那是誤中支那政府的奸計，而我本人對日本並沒有任何敵意」，〔註13〕而馬鴻逵亦對日方表示「每有關回教工作的新聞報導，就會刺激支那方面，增加他們對回教徒首腦階層的戒心，也就加深對他們的壓迫。因此應該絕對控制報紙的報導」。〔註14〕1938 年 10 月 4 日，駐蒙軍司令部制定了《暫行回教工作要

〔註9〕　《第二〇號（部外絕対極秘）》，昭和十三年五月十日，外務省記錄/I 門 文化、宗教、衛生、労働及社會問題/2 類 宗教、神社、寺院、教會/各國ニ於ケル宗教及布教關係雜件/回教關係 第二卷 2.滿洲國。外務省外交史料館藏。JACAR系統查詢編碼 B04012550300。

〔註10〕　《青海馬步芳利用方ニ關スル件》，昭和十三年三月二十五日，外務省記錄/I 門 文化、宗教、衛生、労働及社會問題/4 類 労働及社會問題/各國ニ於ケル反共產主義運動關係雜件 第三卷 31. 外務省外交史料館藏。JACAR 系統查詢編碼 B04012985200 。

〔註11〕　《第五九號ノ一 至急 極秘》，外務省記錄/I 門 文化、宗教、衛生、労働及社會問題/2 類 宗教、神社、寺院、教會/各國ニ於ケル宗教及布教關係雜件 第三卷 14.滿洲國（1）F 一般及雜。外務省外交史料館藏。JACAR 系統查詢編碼 B04012543400 。

〔註12〕　《馬步青馬步芳ニ対スル兵器殼渡ノ件》，昭和十二年，陸軍省大日記/密大日記/昭和十二年《密大日記》第 7 冊。防衛省防衛研究所藏。JACAR 系統查詢編碼 C01004346900 ，文件名爲《馬步青馬步芳ニ対スル兵器殼渡の件》。

〔註13〕　《新疆及青海事情並馬步芳ノ対日態度ニ關スル件》，昭和十三年三月二十五日，外務省記錄/I 門 文化、宗教、衛生、労働及社會問題/2 類 宗教、神社、寺院、教會/各國ニ於ケル宗教及布教關係雜件/回教關係 第二卷 3. 中國 分割 1。外務省外交史料館藏。JACAR 系統查詢編碼 B04012550400 。

〔註14〕　《蒙情電二九七號》，昭和十三年五月十六日，外務省記錄/I 門 文化、宗教、衛生、労働及社會問題/2 類 宗教、神社、寺院、教會/各國ニ於ケル宗教及

領》，其中規定「促進以西北貿易爲中心的經濟工作以及加強寧夏蘭州方面的聯繫」，「利用回教徒在寧夏蘭州方面實施諜報和宣傳工作」，「在蒙疆地區的回教徒中選拔勝任者，編成回教軍，爲將來勢力雄厚的回教工作做準備」。〔註15〕1939 年 5 月駐蒙軍司令部再次明確提出「蒙疆的回教徒工作，在於支持回教徒完成以親日、防共爲精神的獨立復興」，〔註 16〕「最終建立西北獨立國」〔註 17〕。日方通過所謂的「防共回教徒同盟」，向西北諸馬軍閥呼籲「位於支那邊境西部的五馬聯盟應該與南方的土耳其遙相呼應，高舉反共運動的烽火，切斷蘇聯對支『紅色通道』，擊破蔣介石容共政策的最後抗日據點。在此基礎上，我等回教徒同志以神國日本爲盟主，爲了亞細亞文明的復興，爲了全世界被壓迫民族的解放，結成『伊斯蘭』教徒反共同盟」。〔註 18〕

對於中國西部內蒙工作「使多年被漢族壓制的西部蒙古民族投靠日滿，並阻止與中國共產軍及蘇聯勢力範圍的外蒙古聯繫，並在確保滿洲國治安的同時，對外蒙採取懷柔政策，以利於我對蘇的作戰準備」，1936 年 1 月，關東軍制定了《對蒙（西北）施策要領》，重點實施「整頓、鞏固現在軍政府管轄區域內的重要部門，根據工作的進展，扶植其勢力進入綏遠，然後向外蒙、青海、新疆、西藏等地區擴大」。〔註 19〕並在《對內蒙施策要領》中詳細制定出「對內蒙之指導，主要通過特務機關進行，並以最小限度之日人顧

布教關係雜件/回教關係　第二卷 3　中國　分割 1 。外務省外交史料館藏。JACAR 系統查詢編碼 B04012550400 。
〔註15〕《文書返送ニ關スル件件》，昭和十三年，陸軍省大日記/陸支機密・密・普大日記/《陸支密大日記 63 號》。防衛省防衛研究所藏。JACAR 系統查詢編碼 C04120639500，文件名爲《文書返納に關する件》。
〔註16〕《蒙疆重要政策ニ對スル思想統一ニ就テ》，昭和十四年五月三日，外務省記錄/A 門 政治、外交/1 類 帝國外交/1 項 對支那國/支那事變關係一件 第十九卷 28 。外務省外交史料館藏。JACAR 系統查詢編碼 B02030558900 。
〔註17〕《厚警高秘第二一四五號》，昭和十四年十一月二十一日，外務省記錄/I 門 文化、宗教、衛生、勞働及社會問題/2 類 宗教、神社、寺院、教會/各國ニ於ケル宗教及布教關係雜件/回教關係　第二卷 3. 中國　分割 2 。外務省外交史料館藏。JACAR 系統查詢編碼 B04012550500 。
〔註18〕《第一八號一（別電、部外極秘）》，昭和十三年五月九日，外務省記錄/I 門 文化、宗教、衛生、勞働及社會問題/2 類 宗教、神社、寺院、教會/各國ニ於ケル宗教及布教關係雜件/回教關係　第二卷 2.滿州國。 外務省外交史料館藏。JACAR 系統查詢編碼 B04012550300 。
〔註19〕《內蒙工作的推進》，《日本軍國主義侵華資料長編》，成都：四川人民出版社，1987 年，第 262～265 頁。

問團輔佐之」。〔註20〕

二、蘇聯新疆之政策

　　1938 年 1 月 30 日，蘇軍紅八團進駐哈密。之後蘇聯方面從軍事、經濟、思想等各個方面加強了對新疆的滲透，使得新疆變成蘇方的原材料供應和產品銷售地。盛世才也成為蘇方影響之下的「紅色軍閥」。〔註21〕

　　1941 年 12 月，蔣介石在獲得盛世才可能內向之跡象後，做出積極回應，並指示相關部門制定《收復新疆主權方略》，盛世才開始清除在新蘇聯人員，國民政府勢力隨之進入新疆。面對新疆局勢之突變，蘇方在《蘇聯外交人民委員長莫洛托夫致新疆邊防督辦盛世才書》向國民政府表示「蘇聯政府斷不能同意在落後之新疆迅予實施共產主義之政策」，反對「使新疆叛離中國而成立新疆蘇維埃共和國，並加盟蘇聯」，〔註22〕之後，蔣介石會見蘇聯大使潘友新時表示「凡關新疆之事應與敝國中央政府交涉，不可與盛督辦逕行談判」，〔註23〕新疆局勢的變化至此已是不可挽回，蘇方轉而開始暗中支持阿山烏斯曼暴亂，「又七、八兩日哈市上發現有著便衣蘇聯人攜槍行走」，〔註24〕「查蘇方唆使哈匪叛亂，暗中派人組織，接濟槍支。自哈匪被圍，逃竄外蒙邊境時，意度蘇方自必策動，經由蒙方接濟哈匪，在表面上成為新蒙糾紛」，「有蘇機十架塗有相同徽號及標識，至前我部隊駐地上空轟炸，並掃射半小時後始向外蒙方面飛去」。〔註25〕「蒙卡現駐有蘇蒙軍約一千四百人，哈匪使用自

〔註20〕《對內蒙施策要領》，《日本軍國主義侵華資料長編》，成都：四川人民出版社，1987 年，第 266 頁。

〔註21〕Sinking：Pawn or pivot? By Allen S. Whiting and General Sheng shih-Ts'ai Chapter II.10, The final Break with Moscow P.267.

〔註22〕《蘇聯外交人民委員長莫洛托夫致新疆邊防督辦盛世才書》，秦孝儀：《中華民國重要史料初編》第三編，臺北：文物供應社，1981 年，第 437 頁。

〔註23〕《蔣委員長在重慶接見蘇聯駐華大使潘友新聽其報告蘇聯政府對新疆盛督辦之態度並表示凡關於新疆之事應與我中央政府直接交涉不可與盛督辦逕行談判談話記錄》，秦孝儀：《中華民國重要史料初編》第三編，臺北：文物供應社，1981 年，第 435 頁。

〔註24〕《新疆外交特派員吳澤湘自迪化呈蔣委員長轉報蘇駐哈第八團團長與我方徐旅長在專署會商情形電》，秦孝儀：《中華民國重要史料初編》第三編，臺北：文物供應社，1981 年，第 456 頁。

〔註25〕《新疆外交特派員吳澤湘自迪化致外交部報告蘇聯派機轟炸我軍之用意及建議轉呈委員長立派軍事及外交大員來迪會商電》，秦孝儀：《中華民國重要史料初編》第三編，臺北：文物供應社，1981 年，第 457 頁。

動火器及指揮哈匪作戰之指揮官，均係蘇聯與外蒙人」，〔註26〕至是，新疆局勢在蘇聯的暗中干涉之下日漸陷入到危機之中。

三、中國共產黨之西北民族政策

1936 年，中國共產黨在《中國工農紅軍總政治部關於回民工作的指示》中提出「加緊爭取與幫助回民走到抗日反國民黨軍閥賣國賊的路線上來，並聯合蘇維埃紅軍，為回族的自決與解放而鬥爭，創造西北新的偉大局面，是黨和紅軍極迫切的重要的政治任務」，〔註27〕1936 年 5 月 25 日，中華蘇維埃人民共和國中央政府發佈對回族人民的宣言，提出「在民族平等的原則上，建立回民自治政府」，「宗教信仰自由」，「成立回民抗日武裝」，「發展回民的文化教育」〔註28〕等方針措施。1936 年，日特機關滲透到阿拉善、寧夏，並開始分化利誘回、蒙工作，為此中共方面於 1936 年 6 月和 8 月分別發佈了邀請西北回民軍閥中的青海馬步芳和寧夏馬鴻逵、馬鴻賓參加抗日民族統一戰線的決定。〔註29〕針對日本之西北回、蒙政策，中共方面提出「倘若中國政府不執行上述政策，贊助各少數民族的獨立和自治，〔註30〕而日本帝國主義反用贊助各少數民族獨立與自治去欺騙。這是很危險的。要免去這個危險，只有中國政府更在實際政策上去贊助少數民族的獨立自治，然後才能揭破日本帝國主義的欺騙。中國政府至今還反對少數民族的獨立自治，這是實際幫助日寇欺騙少數民族的主張與政策。只有承認少數民族的獨立自治——才能

〔註26〕 《新疆邊防督辦盛世才自迪化呈蔣委員長報告蘇方策動哈匪叛變之陰謀及我方之對策函》，秦孝儀：《中華民國重要史料初編》第三編，臺北：文物供應社，1981 年，第 461 頁。

〔註27〕 《中國工農紅軍總政治部關於回民工作的指示》，中共寧夏回族自治區委員會黨史研究室：《海固回民起義與回民騎兵團》，銀川：寧夏人民出版社，1991 年，第 47 頁。

〔註28〕 《中華蘇維埃人民共和國中央政府發佈對回族人民的宣言》，中共寧夏回族自治區委員會黨史研究室：《海固回民起義與回民騎兵團》，銀川：寧夏人民出版社，1991 年，第 57～58 頁。

〔註29〕 《育英、洛甫、恩來、澤東等同志給朱、張轉彌時電》（1936 年 6 月 19 日），中共中央統戰部：《民族問題文獻彙編（1921.7～1949.9）》，北京：中共中央黨校出版社，1991 年，第 387 頁

〔註30〕 關於中共方面民族獨立與自治問題相關研究參看 Dreyer，June. "China's Four millions" op.cit., pp.69～70; Hsieh, Jiann. "China's nationalities Policy: Its Development and Problems, Anthropos, 81, 1986; Connor, W.The National Question.p.87.

取得各少數民族誠意地與中國聯合抗日」。〔註31〕

　　1940 年 4 月，在《關於回回民族問題的提綱》中提出「回族在政治上應與漢族享有平等的權利」，「尊重回族人民信奉宗教的自由，尊重他們的風俗習慣」，「幫助回族強大抗日武裝部隊」，「實施抗戰教育，培植抗戰建國的回族人才」，「開放民主，保障回族人民有抗戰救國的言論自由」，「扶助並發展回族農業手工業生產」，「改善各民族關係，實現建立統一的三民主義的新共和國的目的」。〔註32〕

　　對於下層民眾反抗國民政府的行動，中共方面採取在團結抗日之前提下「勸他們應放棄目前反政府的態度，為求得民族解放，須從遠大處著想，應有正確原則及行動方針」，〔註33〕「與他們建議結束這次回變，於中派些優秀分子到陝北受訓」。〔註34〕1943 年 10 月 15 日，中共西北局在加強回漢民族團結做好回民工作的講話中提出「回民有自己管理自己事務的權利，在回民居住的地方，一區或一鄉可以組織自己的政府；在回漢雜居的地方，也可有回民自己組織委員會，管理同自己有關的事情」，「使回民有組織、言論、出版、集會以及發展民族文化的自由，使回民有選舉和被選舉的權利，有組織游擊隊、自衛軍、武裝抗日的權利」，「我們承認回民是一個在發展中的偉大民族」。〔註35〕

　　之後，彭嘉倫在工作報告中提出「實行正確的民族政策，團結少數民族中優秀分子」，〔註36〕對於西北四馬「如果我們以寬大為懷，確實不計前嫌，

〔註31〕　劉少奇：《抗日游擊戰爭中各種基本政策問題》（1937 年 10 月 16 日），人民出版社資料室：《批判資料 中國赫魯曉夫劉少奇反革命修正主義言論集 1923.8～1944.10》，北京：人民出版社，1967 年，第 249～250 頁。

〔註32〕　《關於回回民族問題的提綱》，中央檔案館：《中共中央文件選集》第 12 冊，北京：中共中央黨校出版社，1991 年，第 370～380 頁。

〔註33〕　《八路軍駐蘭州辦事處關於海固回民起義問題給中共中央的電報》（1939 年 6 月 7 日），中共寧夏回族自治區委員會黨史研究室：《海固回民起義與回民騎兵團》，銀川：寧夏人民出版社，1991 年，第 73～74 頁。

〔註34〕　《伍修權一九三九年六月七日致洛甫同志電》，中共寧夏回族自治區委員會黨史研究室：《海固回民起義與回民騎兵團》，銀川：寧夏人民出版社，1991 年，第 67 頁。

〔註35〕　《高崗關於加強回漢民族團結做好回民工作的講話》（1943 年 10 月 15 日），中央檔案館、陝西省檔案館：《中共中央西北局文件彙集‧一九四三（二）》，中央檔案館、陝西檔案館，1994 年，第 15～21 頁。

〔註36〕　《彭嘉倫關於蘭州工作報告》（1937 年 9 月 23 日），中共寧夏回族自治區委員會黨史研究室：《海固回民起義與回民騎兵團》，銀川：寧夏人民出版社，1991

同他們進行統一戰線的可能是存在的」。〔註37〕

「有兩位回族的紳士說：中央只拉攏回族有槍頭子是不夠的。回族不是他們幾個人能決定的，他們沒有教權」，「阿拉善、額濟納、寧馬、青馬動搖是無疑義的，政府現在尚沒有民族平等的辦法頒佈，僅靠上層拉攏是不能夠轉移危險的」。〔註38〕

日、蘇對華政策及中共方面民族政策，一方面影響著中國西北地區的國防安全，另一方面也對國民政府之西北民族政策產生了深刻影響。

第二節　政策提出

國民政府時期的西北，一方面面臨著日本滲透侵略及分化，另一方面還受到了來自蘇聯方面的掣肘，同時內部又存在著來自中共方面的挑戰，軍閥的割據，在政治、經濟、軍事、文化諸方面時刻都受到各方面的挑戰。針對上述諸問題，國民政府經過不斷的調查、思考，最終形成了以宗族主義思想為指導的三民主義西北邊疆民族政策。

一、蔣介石宗族主義思想

1927 年南京政府成立之後，開始全面進行國家建設，其建國理念基本上遵循了孫中山的三民主義思想，但是隨著國內外政治局勢的變化，其在某些方面又有了新的發展，其中對南京政府在民族主義思想上產生重要影響的要數蔣介石在抗戰前後對民族主義思想的闡釋。因此要想對民國政府的民族政策的形成做一全面瞭解，就必須在此對蔣介石的民族主義思想做一介紹。

民族主義思想最初發軔於 17 世紀的西歐，中國的民族主義思想的出現是在 20 世紀初期的事情，它是建立在民族情感基礎上的一種思想觀念，是民族共同體成員對本民族的一種熱愛與忠誠。

蔣介石早年喪父，幼年入塾，誦讀經史。1903 年入奉化鳳麓學堂，1905年至寧波箭金學堂，1906 年初肄業於龍津中學堂。在中國傳統學堂裏系統地

年，第 28 頁。

〔註37〕《蘭州辦事處工作報告》，中共寧夏回族自治區委員會黨史研究室：《海固回民起義與回民騎兵團》，銀川：寧夏人民出版社，1991 年，第 74～75 頁。

〔註38〕《謝覺哉同志報告》，中共寧夏回族自治區委員會黨史研究室：《海固回民起義與回民騎兵團》，銀川：寧夏人民出版社，1991 年，第 60～61 頁

接受了中國傳統文化「四書五經」的教育，深受中國儒家文化的影響，這些對他以後的政治、文化觀念以及民族主義思想的形成有著不可忽視的作用。蔣介石曾說「自己三十年來讀書和做事的經驗與心得，關係於個人和學校乃至國家的前途與革命的成敗非常之大」。〔註39〕其後又提出「以致良知爲實行三民主義的方法」，〔註40〕因此上說，蔣介石的民族主義思想深受中國傳統文化的薰陶。中國傳統的封建「大一統」思想以及「華夷一體」的理念也在蔣介石的民族主義思想中有所反映，對於中國的傳統文化，蔣介石認爲「我們祖先的一切創造和文化，都要比同期的其他國家高尙而偉大，現在的貧弱的現象是喪失了創造力的緣故」。〔註41〕正是這種文化上的自我優越感和華夏文化優越論，形成了以後蔣介石的民族理念。

　　蔣介石在民國初年就追隨孫中山先生，南京國民政府成立之後，蔣介石秉承孫中山遺志，繼承三民主義和國族思想，將孫中山的民族主義思想融入到其民族思想之中，提出將中國各民族融合成一個「大中華民族」，這個「大中華民族」就是「國族」。對中國各民族重新整合，以增強民族凝聚力、向心力。早在1912年蔣介石就發表了《蒙藏問題之根本解決》、《巴爾幹影響中國與則強的外交》等文，在大革命時提出了「帝國主義不倒，中國必亡。中國不亡，帝國主義必倒」，「實現民族獨立，集合全民族各階層的力量，把國家和民族的地位扶持起來，排除一切的侵略和壓迫，造成完全自由、獨立的國家」。〔註42〕孫中山生前曾極力主張將中國固有之孝道、家族主義發揚光大爲民族主義或國族主義，希望人們具有極大的精神去爲民族利益而犧牲。蔣介石繼承了孫中山民族思想中的傳統色彩並大力加以提倡，並多次強調要努力恢復中華民族的傳統民族道德、民族精神，建立其所謂的「國魂」。從而建立起用孫中山民族主義思想和中華民族傳統文化相融合，結合其當時時代特色的新的民族主義思想體系。

〔註39〕蔣介石：《爲學辦事與做人的基本要道》（1935年2月1日），《江西地方教育》第167、168期合刊，1939年，第39～45頁。

〔註40〕賀麟：《知難行易說與力行哲學》，蔡尚思主編：《中國現代思想史資料簡編 第4卷》，杭州：浙江人民出版社，1983年，第657頁。

〔註41〕蔣介石：《建國運動》，中國人民大學中共黨史系：《中國國民黨歷史教學參考資料》第三冊，1987年5月，第6頁。

〔註42〕蔣介石：《建國運動》，中國人民大學中共黨史系：《中國國民黨歷史教學參考資料》第三冊，1987年5月，第5頁。

　　蔣介石民族主義思想的第一個內容首先要推其「宗族主義」思想。對於宗族主義，孫中山概括中國幾千年來深入人心的宗族觀念爲「敬宗守祖」，即崇敬祖宗，維護同姓宗族生存的團結力極強，對「家族」看得比國更重，國亡可以不顧，家族若遭外族凌辱，有斷絕祖宗血食威脅時，則可不顧生命財產而拼死奮鬥。孫中山主張對中國人的宗族主義思想加以引導，使之推廣擴大爲國族主義，樹立民族亡則家族、宗族無從存在的觀點，國人要放大眼光，集各宗族之力組成一個極大的中華民國的國族。蔣介石在孫中山的國族概念之上重新融入了宗族的成分，認爲各個民族都是中華民族的宗族分支，各民族在此基礎之上要加強團結，重新鎔鑄一「國族」。1942 年 8 月 27 日，蔣介石在西寧對著漢滿蒙回藏各族士紳、王公、活佛、阿訇、千百戶作了題爲《中華民族整個共同的責任》的演講，其在演講中說「我們中華民族乃是聯合我們漢、滿、蒙、回、藏五個宗族組成一個整體的總名詞。我說我們是五個宗族而不說五個民族，就是說我們都是構成中華民族的分子，像兄弟合成家庭一樣。《詩經》上說『本支百世』，又說『豈伊異人，昆弟甥舅』，最足以說明我們中華民族各單位融合一體的性質和關係，我們集許多家族而成宗族，更由宗族合成爲整個中華民族。國父孫先生說：『結合四萬萬人爲一個堅固的民族』。所以我們只有一個中華民族，而其中單位最確當的名稱，實在應稱爲宗族」。〔註43〕

　　蔣介石宗族主義思想的成熟集中反映在其《中國之命運》一書之中，在書中，蔣介石對其宗族主義的民族思想做了全面細緻的闡述。「我們中華民族是多數宗族融合而成的，融合於中融合的方法是同化而不是征服……四海之內，各地的宗族，若非同源於一個始祖，即是相結以累世的婚姻」，〔註44〕對於國內各民族與民族的各宗族，歷代都有增加，但融合的動力是文化而不是武力，「務使國內各宗族一律平等，並積極扶助邊疆各族的自治能力和地位，賦予以宗教、文化、經濟均衡發展的機會」。〔註45〕「各宗族歷史上共同命運之造成，則由於我們中國固有的德性，足以維繫宗族內向的感情，足以感化各宗族固有的特性」，「四鄰各宗族，其入據中原部分，則感受同化。其和平相處的部分，則由朝貢而藩屬，由藩屬而自治，各以其生活的需要與文化的

〔註43〕 張其昀主編：《蔣總統集》，第二冊，國防研究院、中華大典編印會，1961 年，第 1422 頁。
〔註44〕 蔣介石：《中國之命運》，正中書局，1943 年，第 184 頁。
〔註45〕 蔣介石：《中國之命運》，正中書局，1943 年，第 188 頁。

程度爲準衡」，「總之，中國五千年的歷史，則爲各宗族共同的命運記錄，由共同之記錄，構成了各宗族融合爲中華民族，更由中華民族，爲共禦外侮以保障其生存而造成中國國家的舊有的歷史」。〔註46〕

在此對於蔣介石的宗族概念做一溯源，民族宗族之間的關係最先見諸與孫中山先生的三民主義一書中：「什麼是民族主義呢？按中國歷史上社會諸情形講，我可以用一句簡單話說，民族主義就是國族主義。中國人一盤散沙，就是因爲一般人民只有家族主義和宗族主義。就中國人的團結力而言，只能及於宗族而至，還沒有擴展到國族」。〔註47〕客觀而論，蔣介石之民族主義思想是當時中國歷史環境的產物，在當時內憂外患之形勢之下，他對國內各個民族團結一致，共赴國難，應該說是有著很大的積極意義。後來評價其法西斯主義民族思想以及大民族主義思想是站在我們今天的立場之上去評價故人，應該說是有失公允的。

蔣介石宗族主義思想形成之後，對國民政府西北民族宗教、文化、經濟政策產生了深遠的影響。

二、三民主義的西北民族政策

民國政府之西北民族政策，概而言之，乃是以三民主義爲依歸，換而言之，即以實行三民主義爲最高政策。國民政府之三民主義西北邊疆民族政策主要由三個方面構成：

（一）民族主義

首先確定了各民族一律平等並扶助其發展的方針。中國國民黨 1923 年 1 月日云「吾黨所持之民族主義，消極的爲除去民族間的不平等，積極的爲團結國內各民族，完成一大中華民族」，中華民國訓政時期約法第六條規定「中華民國國民無分男女種族宗教階級之區別，在法律上一律平等」，憲法草案第六條亦規定「中華民國各族均爲中華國族之構成分子，一律平等」，中國國民黨第三次全國代表大會對於政治之決議案中有「本黨鄭重聲明：吾人今後必力矯滿清、軍閥兩時代愚弄蒙古西藏及漠視新疆人民利益之惡政，誠心扶植各民族經濟政治教育之發達，務期同進於文明進步之域，造成自由統一的中華民國，本黨之三民主義，

〔註46〕蔣介石：《中國之命運》，第一章，1944 年 3 月，總集卷四，正中書局，1943年，第 5～6 頁。
〔註47〕孫中山：《三民主義》，長沙：嶽麓書社，2000 年，第 2 頁。

於民族主義上，乃漢滿蒙回藏人民密切的團結，成一強固有力的國族」。

尊重並融合各民族之宗教習俗。國民黨第四次全國代表大會針對邊遠省區文化建設方針指出「對於各該地風俗習慣之記載，須和平誠懇，不可助人惡感之文字，在可能範圍內必須以新舊思想之融洽爲要領」，五屆八中全會關於加強國內各民族及宗教之融洽團結施政要案云「尊重各民族之宗教信仰及優良社會習慣，並協調各民族之感情，逐漸改進其社會生活，以建立國族統一之文化」。

（二）民權主義

孫中山在臨時大總統宣言中有「國家之本在於人民，合漢滿蒙回藏諸地爲一國，如合漢滿蒙回藏諸族爲一人，是曰民族統一。所謂獨立者，對於滿清爲脫離，對於各省爲聯合，蒙古西藏意亦同此，行動統一，決無歧趨，樞機成於中央，斯經緯周於四至，是曰領土統一」，在建國大綱內亦有「對於國內之弱小民族，政府應當扶植之，使之能自治自決」。國民黨三屆二中全會關於蒙藏之決議案有云「軍事、外交及國家行政必須統一於中央，以整個國家的力量，謀求蒙藏民族之解放」，五屆八中全會「除國防、外交及國家行政統一於中央外，對於邊疆文化教育經濟交通之建設，應由中央協助各邊疆政府，依據本黨主義政綱，盡力推行」。國民黨第三次全國代表大會對於政治之決議案中有「於民權主義上，乃求增進國內諸民族自治之能力與幸福，使人民能行使直接民權，參與國家之政治」，五屆八中全會關於加強國內各民族及宗教間之融洽團結案有「對於邊疆各民族，其一切設施，應以扶植自治能力，改善生活文化，以完成自治爲目標」。

中央各機關應儘量任用邊疆人才。第五次全國代表大會宣言有「政府應培植邊地人才，俾中央各機關得充分任用邊地出身之人員，以收集思廣益之效，而厚眞正統一之方」。四屆三中全會慰勉蒙藏來京人員並團結國族決議案有「以後中央各機關，於可能範圍內應多任用各地各族人員，以爲訓練政治能力之機會，並增加民族團結之實力」。

（三）民生主義

三民主義之政治，乃王道政治，扶植弱小，唯力是視，絕無取人肥己之意。故關於邊疆各項建設，亦均係爲各地土著人民謀利益，而求其發展。第四次全國代表大會根據訓政時期約法規定「對於邊地土著人民生計之籌劃，尤爲緊要，故開發邊地，必須特別注重邊地土著人民生計。各種事業之第一

目的在謀國家全體之利益，其次則爲謀各地土著人民之利益，充實人口之辦法，亦必不損害土著人民之利益，並使土著人民發展向上爲前提」，四屆三中全會慰勉蒙藏來京人員並團結國族案有「關於開發邊疆地方之一切政教設施，應以盡先爲各該地方土著人民謀幸福爲原則」。

關於發展邊地固有之生產事業，建立邊地經濟重心，充實勞力開發邊地，開闢邊地交通。在五次全國代表大會上有「關於上則各地（邊疆）之經濟建設，應取保育政策，於其原有之產業與技能，應儘量設法，使之逐漸改良，俾人民能直接獲益」。「於適當地點內，中央設立大規模之畜牧墾植及毛織皮革等企業組織，並獎勵邊民經營，逐漸增設邊疆各地金融機構，以助工商事業之發展」。

三、西北諸方對國民政府三民主義西北民族政策之詮釋

1939 年，蔣介石在中國回教救國協會上發表言論，全面闡釋其對於西北民族問題之看法：

> 一般普通人對於回教、回民和回族幾個名詞分不清；一般人不明了眞義，認爲回教即回族。這種觀念對於整個中華民族影響實大。
>
> 中國有許多佛教、基督教、回教，可以說是漢族信仰的宗教，佛教不能稱佛民，耶教不能稱耶民，那麼回教也不能稱回民，宗教傳佈之目的，在於普遍，若回教之信仰，回民和回族始有信仰資格，未免將本身資格變爲狹小，不是宗教之本意。若回教即回族，難道非回族人不能信仰回教麼？過去我和馬雲亭先生談過這問題，他很明白這個道理，他以爲中國的回教，多半是漢族信仰回教，我曾請他闡明此義，但他不久便故去了。
>
> 回教是完美的宗教，是救人救世的宗教，他們的使命，回教人自然要救，非回教人也要救，這樣才顯出回教博大的精神。希望諸位要努力這項工作，切實和非回教人聯絡，表現出精誠團結的精神。如此才合乎宗教本身的道理。〔註48〕

蔣之言論，概爲國難當頭，自應加強民族之間團結，實施總理之民族平等，以合全國、全民族之力量共禦外侮。因而在這一層面而言，其在當時是有積極意義的，在此我們只就當時之情形而分析。

〔註48〕《中國回教救國協會第一屆全體委員代表大會特刊》，1939 年 12 月，第 5～6 頁。

民族與宗教原本即為諸馬軍閥立身之本。為了協調西北地方與南京政府在民族宗教方面的一致性，諸馬紛紛發表演詞，闡釋地方在民族宗教問題上之觀點，藉以貫徹落實南京政府之西北民族宗教政策，一則博得中央信任，二則以之維護地方安定。

對於西北民族、宗教、國家問題上，馬鴻逵在《國家與宗教演詞》中認為：

> 偏重宗教漠視國家的人，以為宗教是宗教，國家是國家，兩不相關的。誰知要講信教自由，絕對不能離開國家，假使沒有了國家，雖欲不問政治而專力信仰宗教以獨善其身，也不能由得自己，所以我們很肯定地可以說，宗教是必要國家來保護的，倘若離開了國家，根本上就無宗教可言，也可以說，有國家方有宗教，無國家即無宗教。〔註49〕

對於蔣介石的宗族主義思想，馬步芳解釋「漢回蒙藏，只有一種宗教上的區別，大體上說，我們都是中華民族，宗教只不過是一種私人立場的信仰罷了」。〔註50〕在對蔣介石宗族主義思想闡釋最多的在西北莫過於馬鴻逵，馬鴻逵先後公開發表《西北回漢問題之解剖》、《西北兩大問題》，對國民政府之西北民族宗教政策進行全面的剖析：

> 宗教是宗教，民族是民族，不能混為一談，中國的人民，因信仰自由，信仰了回教，仍是中華民族，並不因信仰而變為阿拉伯民族，這正好比中國人信仰佛教、信仰耶教，並不能因信教而變為印度人、猶太人。〔註51〕

隨後，馬鴻逵又在《宗教與國家演詞》中說「回教是一種宗教而不是一種種族，如果謂回教即為回族，那就錯誤太大了」，「現在除了新疆的纏回係真正之回族而外，其他國內各地教民均係由中國原有而信奉回教者」。〔註52〕諸馬以此顯示西北地方與中央在民族宗教問題上的一致。並以宗族主義思想為核心構築南京政府之西北民族政策，以保持西北地方之穩定。

〔註49〕 馬鴻逵：《宗教與國家演詞》，《馬氏族譜·藝文集》，甘肅省圖書館館藏，第11～12頁。

〔註50〕 《馬主席對省垣各中小學校全體教職員學生訓詞》，《青海省政府公報》，第69期，1938年7月，第87頁。

〔註51〕 馬鴻逵：《西北兩大問題》，寧夏省政府秘書處印行，1934年，第14～15頁。

〔註52〕 馬鴻逵：《宗教與國家演詞》，《馬氏族譜·藝文集》，甘肅省圖書館館藏，第11～12頁。

　　1944 年 10 月 10 日，吳忠信在《告新疆民眾書》中宣稱「在民族主義方面，以宗族平等爲基點，尊重其文化習俗，而進求團結融洽；在民權主義方面，注意培養各宗族的自治能力，使能運用四權，爲憲政實施的基礎；同時盡量任用宗族人才，共負建國責任，在民生主義方面以爲邊疆本地各宗族謀利益之原則，發展原有生產事業，善用勞力，開發交通，充實資金，促成經濟繁榮，使人民得享生活優裕的幸福感」，對於新疆之施政綱領「一曰增進宗族互信，二曰保障信教自由，三曰綏定地方以安民居，四曰維持幣信以利民生」。〔註 53〕

第三節　運行機制及存在問題

一、國民政府西北民族政策機制

　　對於國民政府西北民族政策機制應從政策基本理論、政策制定（依據、方法、目標、原則）、政策執行（原則、手段途徑、監督、績效）等方面進行分析。首先從其西北民族政策之構架觀察：

國民政府西北民族政策之結構

```
┌─────────────────────────────┐
│   政策思想理論三民主義、宗族    │
└─────────────────────────────┘
         ┌──────────────┐
         │   政策之制     │
         └──────────────┘
         ┌──────────────┐
         │   政策之執     │
         └──────────────┘

   青海        甘肅        新疆        寧夏

   地方軍    地方  民族    地方  民族    地方軍
            政府  宗教    政府  宗教
   地方政          人            人      地方政
                  士            士
   民族宗教人                          民族宗教人

            下層民眾
```

二、國民政府西北民族政策機制運行中之制約

（一）政治關係

對於民國時期政治制度的運行，梁啓超先生曾評其「具文的約法和實際的政治，表面和骨子，相差不知幾萬里。表面上的組織是一回事，運用起來又是一回事」。〔註 54〕因而對於國民政府西北民族政策運行，還要從具體的政治、社會環境中去分析。國民政府西北民族政策受中蘇關係、中日關係以及國共關係的影響，其在運行過程之中亦時刻受到來自上述諸種關係的挑戰。中央權力與地方權力的關係，實際上是社會公共權力在其權利主體內部不同層次之間的縱向關係，同時它又是全社會整體利益與特定政治社區的局部利益之間的關係在權力關係之上的體現。一方面兩者在權力層次上存在隸屬關係，另一方面，兩者在特定政治社區與全社會利益衝突中存在著協調關係。〔註 55〕在甘肅及新疆兩省份，中央與地方在權力層次上的隸屬關係較爲明顯，而在青海、寧夏兩省份，兩者之間一方面存在著隸屬之關係，另一方面又暗含著利益層面上的衝突協調關係。由於受到中日、中蘇及國共關係的影響，中央政策之權威性在此受到了一定的削弱，因而其西北民族政策的運行亦受到相當的影響。

從民族社會學分層理論分析。F・科普林和 C・格德沙爾德在民族分層（Ethnic Stratification）中認爲：在所有社會中，個人是分化的並以各種不同的方式在某種「等級體系」中排定位置。民族社區（ethnic communities）內部的變化及差異同社會經濟的階級因素有著緊密的聯繫。民族群體的同化、整合和不平等有一部分與他們的社會階級構成及階級構成變化相關。〔註 56〕

西北民族地區社會階級構成。在西北地區，從其階級構成上而言，首先地方政府（含軍閥）、次爲盟旗、部落、土司等諸頭人、及宗教上層，處在社會最下層的是廣大民族群眾。由於國民政府對於西北民族地區控制的弱化，其民族政策經過地方政府、部落頭人及宗教上層，很少能惠及下層民眾。這樣在下層民眾與下層民族及宗教中就缺失了認同與支持。爲了謀求在等級體系中位置的提高以及社會經濟利益的改善，這一部分階層往往成爲國民政府

〔註 54〕梁啓超：《中國歷史研究法》，北京：人民出版社，2008 年，第 229 頁。
〔註 55〕李宗樓：《政治學概論》，合肥：中國科技大學出版社，2005 年，第 175 頁。
〔註 56〕馬戎：《西方民族社會學的理論與方法》，天津：天津人民出版社，1997 年，第 168～169 頁。

西北民族政策的挑戰力量，給其西北民族地區政治體製造成了極大的衝擊。

　　為了解決國民政府西北民族政策運行中的體制弊端，使得三民主義的西北民族政策在西北地區得到貫徹，國民政府在軍事上加強了對西北地方的威懾，軍令部在給何應欽的文電中提出「培植充實中央在西北之部隊，伸張中央黨政軍之力量於邊陲，繼續增強中央軍在西北之部隊，以形成堅強之核心力量」。〔註57〕在軍事上加強控制同時，國民政府亦逐漸對民族地區的就有制度加以改造，以求得政治上之劃一。為了籠絡和駕馭這些地方勢力，青海省政府委任剛察千戶華寶藏為青海藏族總千戶，河南蒙古親王為地方軍團長，青南土司唐隆古哇為麥倉司令，土族祁建昌為縣長，汪土司後裔汪兆祥為參謀，連成魯土司為省政府顧問，〔註58〕哈密艴茲爾在改土後也被金樹仁政府任命為木壘縣長，留居省城。〔註59〕1937年5月，國民政府在阿拉善、額濟納設置專員，並明文規定「因地方需要，特於額濟納、阿拉善兩旗各設置一專員，協助旗政府辦理各該旗地方建設及防務等一切事宜」，對於地方旗務「仍由各該旗政府照舊章辦理」。〔註60〕同時，亦在磴口設立縣制，加強對西套蒙古的控制。1937年8月，卓尼事變發生後，國民政府相機於卓尼成立設置局，並開始落實改土歸流工作。甘肅省黨部特派員田崑山與卓尼三十二旗僧俗首領會商後，最終形成了解決卓尼辦法三條，確定了改土歸流、改設設置局等基本方針。〔註61〕1942年6月30日，第八戰區向蔣介石提出「關於處理西北邊務意見八項」，提出「甘肅隴南與川青毗連，番民居地之各縣縣長應一律遴用幹練人才」，〔註62〕藉以加強對民族地區行政控制，以達政令之統一。

　　對於國民政府西北民族地區行政制度之改進，受到了來自地方聲音的挑戰。首先，其駐額濟納旗專員被旗政府驅逐出境，磴口設縣亦遭到阿旗反對，阿旗在《阿拉善旗提六條件》中要求磴口地方政權，仍為本旗所有，磴口縣暫時不撤，於最短時期內呈報中央撤出本旗境外；地方所有一切行政，省方

〔註57〕《軍令部等關於在西北充實中央軍的文電》，第二歷史檔案館：787～1832。
〔註58〕陳秉淵：《馬步芳家族統治青海四十年》，西寧：青海人民出版社，1986年，第235頁。
〔註59〕曾問吾《中國經營西域史》，上海：上海書店出版社，1989年，第542頁。
〔註60〕《額阿兩旗設置專員》，馬大正：《民國邊政史料彙編》，第一卷第九期，北京：中國國家圖書館，2009年，第508頁。
〔註61〕《田崑山致何耀祖電》（1937年9月18日），甘肅省檔案館：15-7-235。
〔註62〕《第八戰區司令長官部陣中日記》，第二歷史檔案館：787-13797。

磴口縣不得稍加干涉；省方在本旗所設稅局卡，應即日交還本旗。〔註 63〕卓尼形式上完成了改土歸流，實際上保留了土司制度的實質。而黃正清在演詞中表示「藏區社會文化受佛教影響甚深，在此 20 世紀中，佛教文化有其不可磨滅之價值，『政教合一』之藏區政制，有其社會經濟生活基礎，致甚難憑軍事與政治之力量，變易其生活方式」，〔註64〕曲折地向國民政府表達了對國民政府政治體制改革不甚贊同之意。

（二）經濟關係

國民政府西北民族政策的實施一則需要政治手段之促進，另則亦須經濟政策來支撐。對於政府來說，政策的執行，離不開政府的權威性。而權威主義認為，經濟通過教育、文化、制度等一系則中介同時影響著政治的實施。〔註65〕經濟正是通過充當國家政治權利的重要手段，從而對政治產生重要的影響。因此為了西北民族政策之執行，國民政府在經濟上亦採取了相應之政策，以促進西北民族地區經濟之發展。艾雷貝在《西北建設論》中建議在甘肅拉卜楞以及洮西地區設立企業公司，積極改良或推進藏區的農業、畜牧業、林業等的發展，利用當地原材料進行畜牧產品加工製造，鼓勵民族間貿易發展，進一步開發農作物種植面積，盡可能地運用合作的方式發展當地的民族工業。〔註66〕1939 年 7 月 26 日，甘肅省政府召開臨潭、夏河、卓尼三縣局保安行政會議，參加會議者有省代表、三縣局負責人、黃正清及各藏民頭目、寺廟喇嘛代表等共約百人。會議通過了發展西南民族地區交通、經濟等方案。請省府轉函中國銀行，辦理畜牧貸款，由省銀行及各縣局僧民，合資設立洮西墾牧公司，印行藏文法幣。〔註67〕甘肅省政府於 1942 年在卓尼成立第一林區管理處，撥款 150 萬元收購林區，從事保護及開發工作。1941 年甘肅水利林牧公司畜牧部經理兼總技師黃異生在夏河拉卜楞寺建立了奶品製造廠，就地收購藏牧民的鮮奶，製造酪素和白塔油，同年又在岷縣設立奶牛場。1926

〔註63〕《阿拉善旗提六條件》，馬大正：《民國邊政史料彙編》，第一卷第六期，北京：國家圖書館，2009 年，第 86 頁。

〔註64〕《陪都文化團體歡送拉卜楞代表團》，《中央日報》（重慶），1944 年 1 月 29 日。

〔註65〕俞可平：《政治與政治學》，北京：社會科學文獻出版社，2005 年，第 131 頁。

〔註66〕艾雷貝：《西北建設論》，中華書局，1939 年，第 84～86 頁。

〔註67〕《甘肅省府開發西南邊區》，馬大正：《民國邊政史料彙編》第一卷，《邊政公論》第一期，北京：國家圖書館，2009 年，第 246 頁。

年至 1947 年間，寧夏省共創辦近代工礦企業 39 個，包括紡織、煉鐵、電器、火柴、造紙、麵粉、甘草膏、製革、印刷、採煤、製堿、陶瓷等 13 各行業，39 家企業中官辦或官商合辦的 26 家，商辦的 13 家，其中規模較大、現代化程度較高、效益較好的均爲馬氏家族控制之下的帶有官營性質的企業。國民政府在開發青海大綱中提出：發行開發青海公債，選定一些重點地區，先行開發，辦理交通、電話、無線電等事宜，提倡在適宜地區種植棉花，並試辦紡織事業，開辦採礦企業、森林事業，試辦縣肥料工廠，以振興農業，興辦水利事業、製革業等。但是其結局與寧夏一樣，均成爲馬氏家族之財產。在新疆，盛世才統治末期，財政已經破產，全靠發行紙幣維持。而國民政府接管新疆之後，先是阿山烏斯曼暴亂，接著是三區革命，戰爭成爲當時繼續解決的首要問題，經濟建設很難再有新的起色。

　　此種情況之下，民族地區之經濟一直難以得到發展，民族地方財政更是無從談起。民族地方政權爲了維持正常運轉，要麼是長期處於癱瘓狀態（如額濟納旗），要麼仰地方民族宗教勢力之鼻息（若夏河），要麼就是被迫向地方民眾徵收額外之賦稅（若海固地區），中央政府的西北民族政策很難深入到地方民族群眾，就是偶而到了民間亦不爲民眾所理解。更有甚者，甚而因爲過度徵收賦稅，激起民族地方之民變（若海固事變、甘南民變）。

（三）民族政治文化因素對國民政府西北民族政策運行機制之影響

　　任何民族地區政治體系的維繫，都有與之相適應的民族政治文化。它包括了民族或民族社會的成員對民族政治事象和民族政治生活中政治運營過程及結果的態度、信仰、情感和價值判斷。〔註 68〕影響民族政治文化的因素有語言、教育、宗教與種族等方面。任何政治變革的嘗試，都要求對民族政治文化某種改造，民族政治文化對政治體系的變動是一個重要的介入變量。衛惠林指出「我們的民族主義，應建立於文化政治的觀點上，以促進民族的融合與文化的綜合發展爲目的」〔註 69〕三民主義的西北民族政策同樣亦要求國民政府在西北民族政治文化上作出相應之調整。而文化之調整，概還要先從教育入手。

〔註 68〕周星：《民族政治學》，北京：中國社會科學出版社，1993 年，第 140 頁。
〔註 69〕衛惠林：《如何確立三民主義的邊疆民族政策》，馬大正：《民國邊政史料彙編》，第四卷，北京：國家圖書館，2009 年，第 395 頁。

民國時期，對於推行邊疆教育亦可謂不遺餘力（詳見第十章），但是長期以來見效甚微，概其原因，從艾沙《新疆回民教育之回顧與瞻望》中可窺一斑：

1、由於天然地位之限制。

2、由於地方政府措置不善。新省官吏，不諳吾民社會文化環境，不察吾民心理，常以生硬之方法，強迫人民讀書，致起極大反感。

3、新疆回民不願讀書。光緒末年亦有「當差」之弊端。概因回民宗教信仰過深，多以讀漢書為反宗教，失去伊瑪尼，一班阿訇對此尤為堅決反對，回民不瞭解漢族文化，不知其內容，對之常存一種鄙視觀念，根本認為從漢書中學不到任何學問；因鑒於讀漢書者都不僅未得政府任何寵異，為本族作過任何事業，且專為漢官充當舌人。

4、教員人選太不講究。

5、不合回民慣習之儀式太多。〔註70〕

在蒙藏地區之民族教育中亦存在著與回族教育相同的問題。

關於民族文化問題，凌純聲指出：邊疆文化不是同化、漢化，而是現代化，文化應為國家文化；芮逸夫指出：邊疆文化融合問題，由各族自由發展，使其混凝成一種共同的新文化；對於邊疆民族文化的現代化，梁甌第、周昆田亦持相同的觀點。當時國民政府亦認為文化須融合不必分化，可以聽其自任發展，取長舍短，而一致現代化。在現代化的過程中，語言文字的教育，應該百分之五十是國民教育，百分之五十是民族教育。〔註71〕但同時亦有學者主張推行語政以促進宗族融合。〔註72〕但是囿於經濟、人才、政治等諸多方面的因素，國民政府的西北民族地區文化建設同樣面臨著諸多問題，一直難以有大的進展。為抗戰後期西北地區的動盪肇下了遠因。

第四節　政策之檢驗

1938 年至 1941 年，海固地區爆發三次回民起義，起義始自海原之白崖、固原之沙溝與上店子一帶，波及隆德、靜寧、會寧、化平、張家川、莊浪、

〔註70〕艾沙作、矯如述：《新疆回民教育之回顧與瞻望》，《民國邊事研究文獻彙編》，第一卷，北京：全國圖書館文獻縮微複製中心，2006 年，第 140～147 頁。

〔註71〕《邊疆自治與文化》，《邊政公論》，第六卷，第二期，第 296 頁。

〔註72〕羅莘田：《推行語政與宗族融合》，《邊政公論》第三卷第一期，第 160 頁。

秦安八縣，回族民眾在馬國瑞、馬國璘、馬思義等率領之下，參加起義人眾前後多達兩萬餘人，影響波及陝西、甘肅、寧夏三省，對南京政府西北民族政策提出了嚴重考驗。對於此次事變之詳細情況，前人已有研究，本文在此試圖通過起義中表現出來的民族問題以及南京政府在民族問題上之善後措施來分析其西北民族政策之變化。

一、事件之過程

（一）1939 年 1 月，賈從城縣長以清鄉為名，派保安隊四處搜繳民間槍支，並對馬國瑞痛加斥責，並述及馬化龍抵抗清兵往事，詆為國家叛逆，遂激起教民大忌。〔註 73〕再加上收槍過程中大肆擾民，遂激起民變。起義群眾在馬國林、馬銀貴帶領下，發動起義。但是在駐軍圍剿之下，旋告失敗。第一次事變平息後，王月波在給國民政府電文中總結「此次事變，本係星星之火，極易撲滅。乃地方政府不慎，抱薪救火，以致蔓延，幾成燎原之勢」〔註 74〕由是可見南京政府之西北民族政策在西北地方遇到之種種阻力，民智、地方官吏對中央政策之理解程度、執行方法，無一不制約著西北民族政策之落實。

（二）第一次海固事件之後，國民政府地方不知吝惜民力，少數不良分子假借公義，逞報私仇。以致下層民眾不堪其苦，而地方官吏又不體察民間疾苦，民無以伸冤，遂致變亂再起。1939 年農曆 4 月，馬國瑞趁隙逃離蘭州，再度於海固起事，聲稱「此次事變，係為反抗虐政，故自動起來參加抗日，絕不害民，不擾民」〔註 75〕但是在大軍壓境之下，6 月 18 日，亂事全部肅清。事後，省方調撥救濟難民，並派民政廳長攜帶鉅款，以工代賑，以蘇民生。並派伊斯蘭師範學校學員參加宣撫工作，深入海、固、化、隆、華、清等 6

〔註73〕　《國民政府軍事委員會西北聯絡專員王月波給蔣介石、孔祥熙的呈文及附件》，《海固回民起義與回民騎兵團》，銀川：寧夏人民出版社，1991 年，第384 頁。

〔註74〕　《國民政府軍事委員會西北聯絡專員王月波給蔣介石、孔祥熙的呈文及附件》，《海固回民起義與回民騎兵團》，銀川：寧夏人民出版社，1991 年，第388 頁。

〔註75〕　《國民政府軍事委員會西北聯絡專員王月波給蔣介石、孔祥熙的呈文及附件》，《海固回民起義與回民騎兵團》，銀川：寧夏人民出版社，1991 年，第390 頁。

縣，各地不久旋又歸復平靜。

（三）第二次海固事件之後，國民政府實行了更加嚴厲的清鄉政策，但這些並未能從根本上解決問題。相反，更加激化了業已存在的矛盾。1940 年底，馬思義、冶成九、王登雲等人開始秘密組織聯絡，一場更大的風暴即將到來。面對來自民間的動盪，國民政府只是一味地軍事鎮壓，結果反使得矛盾更加激化，於是海固事件三度發生。但是在國民軍的殘酷鎮壓下，起義再度失敗，除馬思義率領一少部分人到達陝甘寧邊區外，餘眾被繳械遣散，馬國林被殺。至是，海固事件方告結束。

二、海固事件原因之種種

此次海固回民起義，究其原因，據當時相關資料，主要存在以下諸端：

（一）社會矛盾所致

此論認爲，海固事件在於國民政府殘酷地榨取掠奪，以致民族地區群眾民不聊生，再加上地方官吏措置失當，從而使得事變一變再變，最終釀成了地域性的全域事件。據事發之初海原賈縣長呈報「據報該縣長率保安隊收槍」，「見已逼成事變，竟逃回縣城」，固原張縣長亦呈報「此實爲賈縣長收槍造成。賈縣長頭腦不清，且不遵令赴各處視察，對本縣情形毫不知情」。事變實爲「官吏駐軍任意苛求，向省申訴，非情不上達，即置之不理」，「縣區長借善後搜槍，苛詐益甚」。〔註76〕

（二）宗教問題所致

此論認爲此次事變亦如歷史上甘肅地區情況，是爲宗教之爭，官員處理不當，從而導致事態惡化。蔣介石在事變之初認爲「回民因新舊教之爭，發生衝突，少數莠民從中鼓動，遂有沙河溝事件發生」，之後隨著各方面情報彙集，蔣介石對此次事變的看法又有了新的認識「馬國瑞繫馬元章之孫，馬宙臣之侄，叔侄各欲奪取教主，相互猜忌，故不惜以謠言惑眾，勸引沙溝無知回民，密圖結合」。

（三）中國共產黨之影響所致

對於此次事變力主中共操縱說爲馬鴻逵，其在致何應欽電文中言道：

〔註76〕《蔣中正致朱紹良電》（1939 年 2 月 2 日），甘肅省檔案館，15-3-453。

現叛變背景顯著，奸黨久思利用西北回漢隔閡，鼓動仇殺，造成西北混亂局面，前因無隙可趁，現已由馬國瑞覓得途徑，僅以目前言之，海固化平一帶遍佈暴徒，平寧交通，自己斷絕，亦甚可虞，而且此次叛變，係由奸黨操縱，以馬國瑞為前驅，繼而正面發動。〔註77〕

究竟中共方面與此次事變有何種關係，從現存之史料觀之，尚不甚明瞭。八路軍駐蘭辦事處關於海固回民起義問題中曾經提到「馬國瑞在蘭曾數度同吳鴻賓同志談話表示，除了傾向我們別無出路」，〔註78〕1939年6月7日，伍修權在給中央電報中再次提到「馬國貞來我處面談一次，我們勸他們應放棄目前反政府的態度，以求得民族解放，須從遠大處著想。與他建議結束這次回變，於中派些優秀分子到陝北受訓，當時馬國貞已同意我們的意見」。〔註79〕

對於中共與此次事變，國民黨方面軍令部在電文中稱「據報前由蘭州逃走之海固回變首領馬國瑞，現在固原東山與赤匪勾結，重整旗鼓」。〔註80〕之後，軍令部、軍事委員會等亦屢電甘肅地方，注意「奸黨行動」。

此說究竟可信與否，就目前所見資料言之，本文只是在此指出，作為事變時一家之言不置可否。

（四）民族問題所致

在海固地區各專員、縣長的呈文中，只有少數觀點認為，此次事變是由於民族雜處，信仰互異，生活習慣各不相謀，犯其所諱，由是怨仇潛滋，糾紛生矣。

關於在海固事件中所反映的民族問題，寧夏大學政治系《海固回民 1938～1941年三次起義始末》記載：

海原縣政府把大寨鄉改名為「安化鄉，加強教化」。農曆十一月初，在修海原縣《縣志》時，縣長賈從城繼左宗棠之衣缽，把回民的「回」字加上反

〔註77〕　《八戰區朱紹良在蘭州軍事來電與覆電》，第二歷史檔案館，787-4746。

〔註78〕　《八路軍駐蘭辦事處關於海固回民起義問題給中共中央的電報》（1939 年 6 月 5 日），《海固回民起義與回民騎兵團》，銀川：寧夏人民出版社，1991 年，第 73 頁。

〔註79〕　《1939 年 6 月 7 日電報》，《海固回民起義與回民騎兵團》，銀川：寧夏人民出版社，1991 年，第 74 頁。

〔註80〕　《國民政府軍事委員會辦公廳致軍令部快郵電》（1939 年 8 月 17 日），《海固回民起義與回民騎兵團》，銀川：寧夏人民出版社，1991 年，第 368 頁。

犬旁。為此，沙溝、白崖一帶回民聯名上書賈從城「居心何在？如不及早收回成命，改正錯誤，全體回民決不罷休」，「一切後果均由賈縣長負責」，賈從城在小坡莊集市召集回民訓話，出言不遜從而激起海固地區回民公憤，以致引起事變。〔註81〕此說雖有其時代背景因素之影響，但是從中還是可以看出或多或少的民族因素在內。

海固事變發生之後，南京政府根據收集相關情報，對事變之中之民族問題做出了指示。蔣介石在 1939 年 2 月 4 日言道「查海固民眾糾紛，肇因於少數莠民因反抗兵役，從中鼓動，內中回漢均有，並非宗教關係」，孔祥熙亦認為「甘肅民族雜處，（職）力秉國內各民族一律平等之原則，調協感情，毫無畛域。糾紛伊始，各縣回胞，均請嚴懲，是此次爭端非宗教關係」。

（五）其他因素

據行政院軍令部給朱紹良電報中稱「此次回變發生之主因，為回民壯丁被徵入伍者分發各部隊後，營中不良官兵歧視回民，常以調笑態度迫食豬肉。因之，有少數回民潛回原籍，向教長信口傳播，擴大其詞，由近及遠，群情大嘩」。〔註82〕

正是在此諸因指導原則之下，朱紹良亦採取了相應之原則「始終認為是政治問題，而非民族問題，蓋如認為是民族問題，則必引起善良之誤會，反使捲入漩渦，必至解決愈難」。〔註83〕

三、事變之民族宗教因素

綜合以上諸種說辭，均有其現實性因素隱含其中。若究其原因，則本文在此認為海固事件是上述多種因素相互作用之結果。概為事情之發展由遠因近因、主要次要、必然偶然等諸因素，因此單單歸結於某一方面，往往會有失偏頗。本文在此只就其民族宗教因素進行探析，以探求國民政府之西北民

〔註81〕 寧夏大學政治系 77 級：《海固回民 1938～1941 年三次起義始末》，《海固回民起義與回民騎兵團》，銀川：寧夏人民出版社，1991 年，第 137 頁。

〔註82〕 《國民政府行政院軍令部給第八戰區司令長官朱紹良的電報》（1939 年 6 月 13 日）》，《海固回民起義與回民騎兵團》，銀川：寧夏人民出版社，1991 年，第 368 頁。

〔註83〕 《軍委會辦公廳擬抄送朱紹良關於鎮壓隴東回民暴動經過及所擬清鄉善後方案代電》（1939 年 9 月 11 日），《中華民國史檔案資料彙編第五輯第 2 編（五）》，南京：江蘇古籍出版社，1991 年，第 174 頁。

族政策之影響及事件之反作用。

（一）民族理論上之平等與地方現實之間不平等之矛盾

國民政府軍事委員會西北聯絡專員王月波在調查中指出這種事實上之不平等現象：

> 如保甲編制，教民往往以五六十戶，最多百戶爲一保，其他則以百戶或百五十戶爲一保。對於派款徵丁，按保均攤派，輕重之間自生不良現象。況邊區教民愚昧無知，肅不明征派之意，偶失平衡，即懷憤恨。至教育方面，所有肇事區域，幾無一校之設，以故彼方教民多屬文盲，知識缺乏，一切情形不克上達政府士紳。

> 隆德一縣僅有 7 萬人口，教民即占 2 萬，於此 2 萬人中，僅有高級小學畢業生 1 人，文化低落，可爲浩歎。[註84]

雖則朱紹良在給蔣介石的呈文中聲稱「特秉總理國內各民族一律平等之遺訓，調和感情，藉以化除成見，消弭紛亂」。[註85]但實際情況只是停留在理論層面和對民族、宗教上層，對於偏遠地區的少數民族群眾而言，往往難以眞正實現。

（二）宗教信仰之自由與現實間地方對宗教的漠視

此種情況多發生在駐軍地區。據化平縣縣長給省政府的呈文中稱「各營強迫飲食與漢人同，是以積憤驟發，致演成海固事件」，[註86]軍令部根據所得情報亦持相同之看法「此次回變發生之主因，爲回民壯丁被徵入伍者分發各部隊後，營中不良官兵歧視回民，常以調笑態度迫食豬肉。因之，有少數回民潛回原籍，向教長信口傳播，擴大其詞，由近及遠，群情大嘩」。

此種不端之舉不僅存在於軍隊內部，地方駐軍亦未注意此項問題，往往在宗教上多有不良行爲。據 42 軍軍長楊德亮報告「隴東回民禮拜寺近有軍隊肆行強佔，騷擾不堪，查此現象不爲有阸軍譽，亦且徒增民族惡感」。[註87]

〔註84〕《國民政府軍事委員會西北聯絡專員王月波給蔣介石、孔祥熙的呈文及附件》，《海固回民起義與回民騎兵團》，第 383～388 頁。

〔註85〕《甘肅省政府主席朱紹良給蔣介石的帶電報告》（1939 年 8 月），《海固回民起義與回民騎兵團》，銀川：寧夏人民出版社，1991 年，第 372 頁。

〔註86〕《化平縣縣長赫遇林呈省政府文》，甘肅省檔案館，15-3-455。

〔註87〕《甘肅省政府訓令》，《甘肅省政府公報》，第 492 期，1940 年 9 月，第 54 頁。

四、海固事件之特點及南京政府西北民族政策之應對

（一）事變之特點及性質

此次海固事件與歷史上西北地區歷次回民起義相比，其最大之特點就是，在起義中事變各方均十分注意對民族矛盾之迴避，極力避免彌足矛盾之激化。

這一點從事變之中義軍布告亦可窺知。

> 官逼民反，漢回同胞，眞心實意，努力向前，馬下國亡，救民抗國，除害安良，殺官掠庫，無分回漢，無分新老，不分官民，一體同仁。〔註88〕

> 爲布告周事，自民國以來，連年災禍，人民之痛苦已到最後關頭……今良民眞無法，經眾會議召集人民振作精神，不擾害人民，不奪民財，不姦淫擄掠，不藉故生端，爲民眾解痛苦，救國抗日救民，是爲宗旨。回漢人民謹告。〔註89〕

另「據報甘肅海固亂民，近日又擴張聚眾3000餘人，並張言打倒馬鴻賓部，蓋因馬部爲前次解決該變民之主力也」。〔註90〕由是亦可觀之此次事變之性質。

此外，據王月波給國民政府呈文中反映「馬國瑞命令所部『吾人爲反抗駐軍壓迫，自動參加抗戰，對一般民眾不得劫殺或滋擾』，據叛民所經過區域民眾談，叛民經過時並不傷人，亦不搶劫，對其他教民尤無仇視行動。〔註91〕」

而國民政府方面也一再強調，「變亂總因，在人民負擔太重，致奸民有所藉口，並宜切戒各縣臨時攤派，整肅官軍，以蘇民困」。〔註92〕朱紹良亦始終堅持認爲，事變是政治問題，而非民族宗教問題。因此力主政治之解決爲主，民族宗教爲輔助手段。

〔註88〕 《抄錄「匪」民布告一》，甘肅省檔案館，15-3-454。
〔註89〕 《抄錄「匪」民布告二》，甘肅省檔案館，15-3-454。
〔註90〕 《辦公廳1939年6月17日快郵代電》（1939年6月17日），《海固回民起義與回民騎兵團》，銀川：寧夏人民出版社，1991年，第369頁。
〔註91〕 《國民政府軍事委員會西北聯絡專員王月波給蔣介石、孔祥熙的呈文及附件》，《海固回民起義與回民騎兵團》，銀川：寧夏人民出版社，1991年，第390頁。
〔註92〕 《國民黨中央秘書處致國民政府軍事委員會密函》（1939年6月29日），《海固回民起義與回民騎兵團》，銀川：寧夏人民出版社，1991年，第371頁。

此次事變沒有釀成地區性民族矛盾，概與國民政府之西北民族政策有關。孫馬之戰後，國民政府開始注重西北，加大了對西北民族地區上層人物的羈縻籠絡，給予經濟、文化、教育、衛生等各方面的經濟支持，首先贏得了上層人士的支持擁護。再次，雖則民族平等之理念在民族偏遠地區沒有得到很好之實施，但不可否認的是，民族平等，民族團結之觀念已在下層民眾中推行開來。再則，當時國內之主要矛盾爲中華民族與日本帝國主義之間的矛盾，諸馬亦不遺餘力地貫徹蔣介石之宗族主義思想，此亦使得西北各民族對於相互之間之關係有了新的認識。而國民政府在事變之初確立的政治問題政治解決的方針，亦避免了事變向民族矛盾的轉變。因此上說，此次事變之性質總而觀之，應該還是從政治問題去分析。而由政治問題所致之民族宗教問題，只是政治解決中之一端而已。

（二）事變之民族問題解決

海固事變爆發後，國民政府清楚認識到，倘海固回民問題不予解決，若於奸黨合流，則燎原星火，隱憂甚虞。〔註93〕因此在軍事上加強圍剿同時，在政治上亦同步進行。

事變之民族問題爲政治問題之一方面，而政治問題解決又離不開民族政策之輔助，因之對於民族問題之解決，要從以下幾個方面進行分析。

1、民族政治方面

事變之時，朱紹良先是派出回族上層人物郭南浦、王月波、馬錫武、拜偉等人出面宣慰或參預鎮壓，谷正倫亦藉重地方望重人士宣撫，並且讓馬鴻賓全權處理善後事宜，朱紹良曾言「回教軍隊門閥不同，將益加糾紛，惟馬子寅尚知大體」。〔註94〕海固事件之後，朱紹良邀請伊斯蘭師範學校學生參加宣撫隊，進行開導勸慰。

對於駐軍中存在之問題，行政院指令陝甘寧駐防部隊長官，應關切回教士兵固有之生活方式，不得歧視，尤應防範任何足以引起回教士兵反感之事件發生。〔註95〕

〔註93〕《國民政府軍令部致朱紹良電》（1941 年 7 月 25 日），《海固回民起義與回民騎兵團》，銀川：寧夏人民出版社，1991 年，第 410 頁。

〔註94〕《朱紹良致蔣介石電》（1939 年 2 月 22 日），甘肅檔案館，15-3-454。

〔註95〕《國民政府行政院政治部與軍令部擬定的處置回民變亂辦法（節錄）》（1941 年 6 月 21 日），《海固回民起義與回民騎兵團》，銀川：寧夏人民出版社，1991 年，第 400 頁。

2、教育、經濟方面

此次事變之背景，王月波在給蔣介石電文中曾經提及「前次海固事件之遠因，不外地處邊境，教育落後，一般民眾無所統率，勇於私鬥，而昧於公義」，〔註96〕所以事變後朱紹良「擬於海原肇事區域增設小學 7 處，並責成各縣妥為利用阿訇，切實勸導」「確定經濟輔助政治之政策，利用其原有經濟基礎，積極提倡生產事業，俾其生活安定」。〔註97〕1941 年 3 月，國民黨五屆八中全會，對於民族地區經濟建設重新提出「對於邊疆各民族一切設施，應培養其自治能力，改善其生活，扶植其文化，以確立其自治之基礎。對於邊疆各民族一切設施，以為當地土著人民謀利益為前提」，在經濟、文化等諸方面加大對少數民族地區的投入，以期啟迪民智，改善民生。

3、宗教方面

早在事變之時，王月波就提出利用回族宗教人物之策。「查馬教主（馬震武）為中國回教新派唯一領袖，其意向動止足以影響數百萬教胞之趨向。在抗戰期間，如能善於運用，假以名義，飭令宣化亦是羈縻，定較其他政治力量事半功倍。不但該教胞有所適從，亦可堅其團結，納入正軌，鬩牆隱患無形消滅」。〔註98〕叛眾至隆德時，意欲以同教關係號召擴充實力，教主馬繼武聆悉後極為震怒，認為違法叛教，妨礙抗戰，當將該代表嚴厲申斥。教民見教主堅決反對，遂行離去，一場可能的危機頃刻之間化為烏有。

（三）海固事變對國民政府西北民族政策之影響

雖然海固事件最終完全被平息下去，但是其對國民政府西北民族政策卻產生了深刻的衝擊，使得國民政府對其西北民族政策進行重新之思考及調整。

民族上層與廣大民族群眾。在海固事變中，國民政府得到了民族及宗教界人士的大力支持，這是國民政府實行羈縻籠絡民族政策的結果。但是這一階層並未能完全代表了整個民族，對於下層民眾之忽視造成了此次事變之發

〔註96〕《國民政府軍事委員會西北聯絡專員王月波給蔣介石、孔祥熙的呈文及附件》，《海固回民起義與回民騎兵團》，第 389 頁。
〔註97〕《甘肅省政府主席朱紹良給蔣介石的帶電報告》（1939 年 8 月），《海固回民起義與回民騎兵團》，銀川：寧夏人民出版社，1991 年，第 375 頁。
〔註98〕《國民政府軍事委員會西北聯絡專員王月波給蔣介石、孔祥熙的呈文及附件》，《海固回民起義與回民騎兵團》，銀川：寧夏人民出版社，1991 年，第 381 頁。

生。因此國民政府在事後進一步地加大了對民族地區的教育、經濟投入力度，「改善其生活，扶植其文化，以確立自治之基礎」，以得到民族間平等之實現。

此次事變中表現出來的民族理論上之平等與現實中不平等，宗教信仰自由與現實中對宗教信仰的歧視的問題，在事後亦引起了國民政府的反思，事變中，起義民眾提出「五族共和，回漢一家」等口號，此亦表明南京政府在此民族政策上存在不足，方給反抗者以口實。因此，對於基層縣組織亦重新換調，起用一些能很好貫徹中央民族政策的地方人士補充；對於駐軍中存在之問題，行政院指令陝甘寧駐防部隊長官，應關切回教士兵固有之生活方式，不得歧視，尤應防範任何足以引起回教士兵反感之事件發生。

雖然說海固事件之後，國民政府在西北民族政策上做出了一定調整，但是其西北民族政策之核心 —— 蔣介石之宗族主義思想並沒有改變，在這一指導思想之下，吳忠信推行其新疆民族政策，雖說取得了一時的積極成果，但是隨著西北地區內外形勢的變化，其以宗族主義為核心的西北民族政策受到了來自國內外政治關係及民間力量的挑戰，因之，國民政府不得不對其西北民族政策進行不斷地調整，以期符合西北民族地區之需要。

第九章 民國政府西北民族政策
（1946～1949）

    1945 年 2 月，蘇美英雅爾塔會議召開，形成了關於中國問題的秘密協定，蘇聯獲得 1904 年日俄戰爭前帝俄在華的權益，維持外蒙現狀。之後，中蘇雙方進行了將近 9 次會談，國民政府在國內外形勢壓迫之下，最終與蘇方達成了妥協：蘇聯必須保證東北三省的領土、主權和行政完整；蘇聯支持下被民族軍佔領的新疆三區必須恢復國民政府的管轄權；中共必須統一於中央的軍令、政令之下，蘇聯宣佈不援助中國共產黨。〔註1〕8 月 14 日，《中蘇友好同盟條約》正式簽訂，中方被迫承認外蒙古經公民投票可以獨立，「以其現在之邊界爲邊界」。日本投降以後，蘇方設想以長城爲限，與美國展開對中國之爭奪。因之戰後，美蘇雙方都派遣特使，極力調停戰後的國共關係。但是，國民政府統一全國的政治意圖與蘇聯獨霸東北的意願形成了衝突。蘇方又不願因東北問題干涉國民政府內政，導致美國的全面介入，因此就改用暗地支持中共方面在東北、華北乃至全國範圍內與國民政府的爭奪。國民政府依靠美國作爲外援，引英美勢力進入東北、新疆地區，反而更加刺激了蘇聯方面。於是外蒙在蘇聯監督之下的所謂「全民公投」結束，宣告獨立；新疆在蘇聯的直接和間接支持之下北疆喪失、迪化危機、南疆動盪。中國東北、北方、西北邊疆在蘇聯的影響之下呈現出全面的危機。

    此時國內的政治局勢也隨著美蘇戰後關係出現了變化。首先是國民政府

〔註 1〕秦孝儀：《中華民國重要史料初編・第三編（二）》，臺北：文物供應社，1981年，第 572～651 頁。

在美國支持之下意圖武力統一全國，與中共方面在全國領域內展開了爭奪。隨著國共內爭的開始，雙方的力量對比亦發生了根本轉變。三大戰役結束之後，國民黨在大陸已經呈現敗勢。不得不把甘青地區交給諸馬治理，新疆地區亦在張治中主導之下進入和平談判時期。在此之間國共雙方不僅在軍事、政治領域內展開全面競爭，國民政府爲了挽回西北政局，雙方在西北民族政策上亦制定了相應的政策。

第一節　問題所在

一、中蘇關係與西北民族問題

　　1943 年，蘇聯方面任命烏茲別克斯坦委員會負責人烏斯曼‧玉素波甫組織對新疆的宣傳工作，〔註 2〕利用在阿拉木圖和塔什干出版的哈語《哈薩克國土》、維語《東方眞理》，利用跨國民族關係向新疆宣傳蘇聯衛國戰爭的勝利和馬克思主義的一般原理，鼓吹民族對抗、民族仇視。〔註 3〕利用伊犁地區有影響的宗教人士艾力汗‧吐則，〔註 4〕宣傳大土耳其主義、泛伊斯蘭主義。〔註 5〕利用其在新疆領事機構在伊犁、阿山、蒲犁、塔城等地成立「馬列主義學習小組」、「解放組織」、「阿山哈薩克民族復興委員會」等秘密組織。許多宗教上層人士和商人、牧主成了這些秘密組織的重要領導人。〔註 6〕同時蘇方在其境內的阿拉木圖成立「新疆突厥解放委員會」，「任用在新疆工作多年的蘇籍人員爲委員」，「公開的組織暴動分子，聯絡伊犁的各族領袖以備暴動，奪取政權」。〔註 7〕爲了策應新疆境內的暴動，蘇聯在阿拉木圖、安集延、塔什干等地設立軍事訓練基地，培訓在蘇的新疆青年和逃蘇人員，作爲

〔註 2〕劉志霄：《維吾爾族歷史》（中編），北京：中國社會科學出版社，1996 年，第 763 頁。

〔註 3〕劉志霄：《維吾爾族歷史》（中編），北京：中國社會科學出版社，1996 年，第 763～764 頁。

〔註 4〕朱培民：《1943 至 1949 年蘇聯對新疆政策的演變》，《中共黨史研究》（增刊），1990 年，第 87～88 頁。

〔註 5〕賽福鼎：《賽福鼎回憶錄》，北京：華夏出版社，1993 年，第 269 頁。

〔註 6〕新疆三區革命史編纂委員會：《新疆三區革命大事記（4～7）》，烏魯木齊：新疆人民出版社，1994 年，第 4 頁。

〔註 7〕張大軍：《新疆風暴七十年》，臺北：蘭溪出版社，1980 年，第 6251～6257 頁。

回新開展武裝鬥爭的骨幹力量。〔註8〕蘇方利用與新疆漫長的邊疆線向新疆走私或輸入大批武器裝備，從各個方面對新疆境內的反對力量給予精神、物質等方面的援助。

1943 年 9 月初，阿山事變時，外蒙方面派出顧問組協調烏斯滿成立「阿爾泰哈族復興委員會」，〔註9〕蘇聯方面亦派出了所謂的「白房子顧問組」，在烏斯滿的隊伍中「不僅有蘇俄人、外蒙人參加指揮，而且戰術也大爲變更」。〔註10〕

1944 年 5 月，塔城哈薩克青年知識分子在蘇駐塔領事館幫助下成立以哈薩克青年爲主的青年戰鬥小組。在蘇方安排之下，塔城商人哈斯木阿洪建立以勒密指揮部，以策劃塔城起事。〔註11〕

在南疆地區，伊斯哈克伯克・穆怒諾夫在蘇聯的幫助下組織了 200 餘名在蘇避難的新疆難民，編爲 2 個大隊，對其進行政治、軍事訓練，爲其以後在蒲犁地區暴動做準備。

1943 年，紅八團撤經伊犁時，其武器裝備就「悉數藏匿於民間」，〔註12〕1943 年 1944 年間，蘇方駐伊寧領事達巴申、副領事波則索夫在伊犁組織成立伊寧解放組織，利用各種宗教活動，「宣傳和發動少數民族群眾在伊犁地區組織武裝暴動，並聯絡全疆各地的反對盛世才、國民黨的組織，推翻盛世才、國民黨政府的反動統治」。〔註13〕

1944 年初，蘇聯駐喀什總領事在給蘇共中央報告中稱「在目前條件下，如果沒有穆斯林教會參加，就不可能開展民族解放鬥爭。穆斯林教會無疑將在鬥爭的所有階段起著主導作用」。〔註14〕1945 年 1 月 5 日，「東突厥斯坦人民共和國」臨時政府委員會第四次會議宣佈：「永遠消滅中國在東突厥斯坦領土上的專

〔註 8〕 新疆三區革命史編纂委員會：《新疆三區革命大事記（4～7）》，烏魯木齊：新疆人民出版社，1994 年，第 4 頁。

〔註 9〕 劉志霄：《維吾爾族歷史》（中編），北京：中國社會科學出版社，1996 年，第770 頁。

〔註10〕 張大軍：《新疆風暴七十年》，臺北：蘭溪出版社，1980 年，第 5129 頁。

〔註11〕 新疆三區革命史編纂委員會：《新疆三區革命大事記（4～7）》，烏魯木齊：新疆人民出版社，1994 年，第 28～29 頁。

〔註12〕 張大軍：《新疆風暴七十年》，臺北：蘭溪出版社，1980 年，第 6251 頁。

〔註13〕 新疆三區革命史編纂委員會：《新疆三區革命史》，北京：民族出版社，1998年，第 35～36 頁。

〔註14〕 俄羅斯聯邦國家檔案館：中國問題諮詢處全宗，目錄 32-a，第 299 匣，案卷11，第 1～18 張。

制統治」,「建立一個真正、自由、獨立的共和國」。〔註15〕伊寧方面的宣言,引起了蘇聯的不安。因為新蘇雙方有著 3200 多公里的邊界,東面臨著跨國民族、伊斯蘭教信仰等問題,新疆的民族問題,勢必要波及蘇聯中亞地區,如若新疆難民的大量進入,蘇聯中亞安全難免要受到衝擊。

　　1920 年俄共布中亞局共產國際東方部負責人亞·魯族塔克正式提出在中國新疆建立喀什和準噶爾蘇維埃共和國的建議,俄外交人民委員部和外貿人民委員部聯合調查後認為:

> 　　引發這一暴動有多麼容易,將這種自發的社會力量引入相應的軌道就有多麼困難。喀什的居民極其蒙昧,並仇視與「異教徒」有關的一切事物。他們還處於宗法氏族階段,剛剛出現西方意義上的社會政治分層的苗頭。因此,對盡人皆知的「階級意識」格格不入。勿需成為先知就可預言,泛突厥主義者的民族革命浪潮衝擊的不僅是漢人,還會衝擊到我們。目前我們不應向著喀什的穆斯林群眾,而應向著他們的奴役者漢人。我們應在一段時間裏停止任何形式的使喀什人發動革命的嘗試,我們的行為在中國人看來應該是奉公守法的。〔註16〕

南疆動亂爆發後,蘇聯工農紅軍情報處給政府的報告說:

> 　　起義運動的繼續發展可能導致中國在新疆的統治壽終正寢和穆斯林國家建立的嘗試。同時必須指出,這種嘗試不可避免地導致爭取自治的漫長的民族鬥爭(哈薩克、蒙古、柯爾克孜、回、維吾爾族之間的鬥爭),同時也不排除維吾爾人內部在和田與喀什之間爭取自治的鬥爭。類似的情況會被英國人廣泛利用,以擴大其在喀什的影響,消除我們對新疆經濟影響的優勢地位,並對我國邊境構成威脅。〔註17〕

盛世才內向之後,蘇聯方面認識到「再也不能依靠統治新疆的漢族軍閥,也不能指望那些民族領袖們,他們與帝國主義有千絲萬縷的聯繫;帝國主義的

〔註15〕 A.A.哈吉姆巴耶夫:《1931～1949 年新疆民族解放運動》,第 2 卷,莫斯科,1974 年,第 19 頁。

〔註16〕 俄羅斯聯邦對外政策檔案館:全宗 0/100,目錄 4,總卷 102,案卷 5,第 48 張。

〔註17〕 俄羅斯聯邦對外政策檔案館:全宗 8/08,目錄 16,總卷 162,案卷 117,第 9 張。

金錢要比眞主實際得多。」於是蘇聯轉而依靠新疆、特別是與蘇聯交界的「雙重壓迫（農牧民），只有依靠他們才能在我們（蘇聯中亞）邊界築起一道長城（安全屏障）」。〔註18〕

　　1945 年 11 月，據蘇聯國家安全人民委員部管理局關於旅居新疆俄羅斯僑民的調查報告說，當時在新疆省居住的俄僑有 2.5 萬人。〔註19〕據中國檔案記載的蘇聯領事館發放的護照號碼統計，1946 年發展蘇僑 2000 人，1947 年即增加了 13000 人，1948～1949 年更猛增了 40000 人。〔註20〕到新疆解放前夕，據蘇聯駐伊犁領事對鄧力群所言，當地的蘇僑及其家屬已發展至 6.5 萬戶，共 20 餘萬人。〔註21〕

　　因而，此一時期的蘇聯新疆政策，一方面，利用新疆民族問題給新疆當局和國民政府施加壓力；另一方面對於新疆興起的民族運動抱有一定的防範心理，避免因新疆民族問題波及蘇聯中亞地區的安全。蘇聯方面看似矛盾的新疆民族政策對於新疆民族問題的轉變以及地方當局及中央政府對新政策的制定產生了深刻的影響。

二、西北問題之變化

（一）盛世才離新前後的新疆民族問題

　　盛世才時期的新疆民族政策。盛、馬、張三者的角逐之中，盛世才的脫穎而出雖說與蘇聯的直接支持有著很大的關係，但是不可否定盛世才在政治策略上的高人一籌也使得他最終能夠擊敗強大的對手，取得新疆的政權。對於盛世才的權變之術，後人多有研究，在這裡只就其在民族政策上做一論述。從馬仲英入新到金樹仁垮臺，再到北疆、南疆、東疆的動亂，爲了緩解下層民眾的普遍不滿，盛世才先是提出了「民族平等、信教自由、整理財政、農

〔註18〕　薛銜天：《試論民族因素對蘇聯調停三區革命的影響》，中國社科院近代史研究所：《中華民國史研究三十年》，北京：社會科學文獻出版社，2008 年，第357 頁。

〔註19〕　俄羅斯國家檔案館，全宗 9401，目錄 2，案宗 105，第 240 頁。

〔註20〕　黃金明給新疆自治區人委外辦的調查報告，1962 年 10 月 10 日。伊犁州檔案館，全宗 11，目錄 1，卷號 114，頁碼 139。

〔註21〕　李丹慧：《新疆蘇聯僑民問題的歷史考察（1945～1965）》，沈志華、李丹慧：《戰後中蘇關係若干問題研究 —— 來自中俄雙方的檔案文獻》，北京：人民出版社，2006 年，第 495 頁。

村救濟、澄清吏治、擴充教育、推行自治、改良司法」八大宣言；〔註 22〕繼之又提出「厲行清廉、發展經濟和提高文化、建設新疆、絕對保護各王公、阿訇、喇嘛等的地位和權利」，最終在聯共黨員俞秀松等的幫助下形成了以「反帝、和平、清廉、建設、親蘇、民平」爲主要內容的六大政策。〔註 23〕

　　對於新疆的民族宗教問題，盛世才認爲：「要想使新疆的民族平等政策得到確實的保障，必須打倒帝國主義」「在文化經濟落後的區域越需要宗教」，新疆社會現階段「是一個色彩十分濃厚的落後社會，所以他的民眾特別需要宗教，我們也特別要保障信教自由的獨立」。除了發展經濟外「則必須發展各民族的固有文化，則在各民族學校中必須用各族的固有語言文字教授，對於各種出版物和各種印刷品必須用各族的固有文字來印刷，必得照這樣做去，才能很快地達到提高文化的目的，提倡發展各族固有文化的目的。」盛世才認爲，只有發展各民族的固有文化，才能達到各民族一律平等的目的和在很遠的將來消滅和融合這些個別的民族文化成爲一個共同的文化。爲了達到這一目的，他提出了反戰的策略「一、應發展適合於各民族的實際生活狀況的文化；二、應發展各族語言文字的印刷品、學校、戲院及一般的文化的教育機關；三、設立及發展用民族語言文字的普通教育式的技術性質的學校和速成班；四、提高文化估計到封建社會勢力的力量和實際上經濟發展的階段」。〔註 24〕

　　對於地方各民族宗教勢力，盛世才認爲「我們一方面應該擁護封建勢力，使他們瞭解政府的政策，援助政府和同情政府共同來負擔起建設新疆的偉大工作；另一方面在封建勢力不妨礙社會發展和不影響建設新新疆的前途的情勢之下，新政府就應當絕對的保護各族王公、阿訇、貝子、貝勒、佛爺、喇嘛等的地位和權利」。〔註 25〕在他的政府機構之中，爲使各民族均有參政機會，特實施副主官制，即某廳局正廳是漢人，副廳長即是他族人，正廳長是他族人，副廳長即是漢人。

　　對於各民族中的知識分子、青年和一般民眾，爲了凝聚他們的力量爲新

〔註 22〕 新疆社科院歷史研究所：《新疆簡史》，烏魯木齊：新疆人民出版社，1980 年，第 208 頁。

〔註 23〕 陳慧生、陳超：《民國新疆史》，烏魯木齊：新疆人民出版社，1999 年，第 287 頁。

〔註 24〕 蔡錦松：《盛世才在新疆》，鄭州：河南人民出版社，1998 年，第 172 頁。

〔註 25〕 蔡錦松：《盛世才在新疆》，鄭州：河南人民出版社，1998 年，第 176 頁。

政府所用，就成立了所謂的民族文化促進會，當時計有：維文會、哈柯文會、蒙文會、塔文會、回文會歸文會等，擔任各族文化促進會領導的大多是本民族有才勢的人物或宗教領袖人物，也有一些進步的青年知識分子。

　　民族教育問題上。在新疆四一二政變前少數民族教育設施甚少，而經文學校很是盛行，幾乎遍及南疆各地。宗教人士以寺院為學堂招收穆斯林子弟學習阿文和《古蘭經》，這些學校大部分由阿訇、伊瑪目任教，少數學校還聘有土耳其人。他們中有的向學生灌輸泛突厥主義和泛伊斯蘭主義。盛世才上臺以後政府在省府設立少數民族學校，專門招收維族、哈薩克族子弟；此外在省立師範學校成立維吾爾、哈薩克、蒙古等民族班，在迪化成立編譯委員會，編譯少數民族文字課本，又從蘇聯中亞地區購入大批少數民族文字的教材和教學儀器；軍校也開始招收少數民族子弟入學。此外，盛世才又派遣一大批少數民族學生去蘇聯中亞留學，蘇聯中亞國立大學於 1934 年設立行政法律系專門培養新疆的官費留學生，每期兩年結業，教授科目除醫學獸醫等專科外，以政經為主，灌輸受教育者以馬列主義思想理論。〔註26〕。

　　應該說，盛世才的民族政策是全面的，但是新疆所處的國內外環境，使得民族政策的執行也出於政權的鞏固。因此盛政府的民族政策也是以不危害其統治秩序為原則，對於可能危及其統治的各種力量，無論是保守勢力，激進份子還是其他政治勢力，也都一一進行打擊。在周旋於蘇聯、國民政府、共產黨、民族勢力的過程中，勢所難免的造成「左手扶植，右手破壞」的局面。

　　盛世才安定新疆的背後，卻是以強大的軍事勢力，嚴密的特務公安組織，蘇聯的大力支持為前提的。因此一旦失去蘇聯的支持，而國民政府一時難以顧及的情況下，其虛假的經濟繁榮，恐怖的政治安定掩蓋下的種種矛盾便暴發出來，因之，在他離開新疆之後，留給國民政府的是一個千孔百瘡、危機四伏的爛攤子。

　　蘇聯的介入與民族問題的發展變化：

　　蘇聯對新之政策及基本原則：不搞新疆獨立，維護中國領土完整；不管政治、經濟、社會制度如何，都與新疆省政府打交道，不與地方民族勢力打交道；只要新疆地方政權不反蘇，執行對蘇睦鄰友好政策，就積極與其發展

<hr>

〔註26〕周東郊：《新疆十年》，蘭州：和平書局，1948 年，第 415 頁。

經濟關係，支持這個政權的存在。〔註 27〕消除泛突厥主義與泛伊斯蘭主義對蘇聯中亞的威脅。因之無論是開始的武力支持還是後來的政治和談，蘇聯都是「絕對維護包括新疆在內的全部領土的獨立、完整和主權」。〔註 28〕

盛世才是在蘇聯的支持下取得了新疆的政權，因之，當其上臺以後造成了「俄人在新疆執掌著各種機關和參與各項工作，舉凡政治、軍事、經濟、文化，甚至盛氏政府實施之各項重要政策，蘇俄人無不有參與權」「新疆的一切政治動向，無不受蘇俄人支配」。〔註 29〕而當盛世才在 1942 年與蘇聯決裂後，國民政府軍政勢力和英美勢力隨之進入新疆。為了戰後東北、外蒙問題以及其自身中亞安全和新疆利益，蘇聯遂改變其對新疆政策，利用交通便利和社會、民族、宗教、經濟文化等方面與新疆的一致性和相似性，利用當時新疆複雜的社會矛盾和民族矛盾，利用其在民族、政治、經濟、文化方面對於新疆的影響，在新疆進行廣泛的宣傳鼓動工作。〔註 30〕煽動他們反對漢人政權、建立穆斯林政權的民族情緒和願望，向少數民族散發各種煽動性傳單；幫助新疆少數民族建立反政府組織，作為發動武裝暴動的領導機構；在阿拉木圖、安集延、塔什干設立軍事訓練基地，培養反政府武裝骨幹；向新疆地區走私大量武器裝備，並利用紅八團的武器和人員直接參與新疆動亂。〔註 31〕

因之，新疆的民族政策與蘇聯及其對新政策和原則緊密的連在一起。其民族問題的解決也離不開對蘇外交政策的調整。

民族問題與社會問題交織：經濟破產，政治迫害，階級民族問題交織。作為一名獨裁的統治者，盛世才一切的方針政策的出發點是圍繞著其政權的鞏固為原則的，無論是東方的或是西方的政治力量，無論是激進的還是落後的民族勢力，他都可以從自己的立場出發決定取捨。因之他一方面對之控制利用，一方面又懷疑打擊，時時刻刻都在培植和物色新的可供驅使的力量以代替前者。在他上臺之初，為了穩定局勢，盡力使各級政府機關吸收了一些

〔註 27〕 薛銜天：《論民族因素對蘇聯調停三區革命的影響》，《中共黨史研究》，2003年第 1 期。。

〔註 28〕 鮑爾漢：《新疆五十年》，北京：文史資料出版社，1984 年，第 194 頁。

〔註 29〕 張大軍：《新疆風暴七十年》，臺北：蘭溪出版社，1980 年，第 6166～6167頁。

〔註 30〕 曹國芳：《蘇聯與三區革命前夕新疆邊境地區的社會政治局勢》，《北京科技大學學報》，2001 年第 3 期。

〔註 31〕 新疆三區革命史編纂委員會：《新疆三區革命大事記》，烏魯木齊：新疆人民出版社，1994 年，第 4 頁。

少數民族人士，甚至包括王公、阿訇參加。他呈請國民政府任命和加尼牙孜為省政府副主席，又以督辦名義任命麻木提為第六師師長、郁文斌為省委兼農礦廳廳長⋯⋯其餘的南北疆縣長，凡在動亂中已有少數民族居位的，一律加委，不予更調。〔註32〕但時隔不久便藉口麻木提案、杜重遠案、阿山案、庫爾班尼牙孜案、沙裏福汗案、陳培生與武佐軍案、外區暴動案、馬良俊阿訇回案、崔榮昌案、六星社案，〔註33〕把各少數民族中的民族宗教知名人士、王公貴族、富商及智識青年關押的關押、處決的處決。幸存者也是精神失常。在這種恐怖政策下，全疆各民族人民上至王公，下至民眾無不噤若寒蟬，人人自危。因而，社會問題成了民族問題，民族問題又是全社會的問題。

　　1941 年夏，阿山牧區發生了第二次暴動，在蘇聯、外蒙和新疆省軍三方面的圍剿之下，暴動很快被平息。1943 年後，盛世才開始內向，引起了蘇聯方面的不滿，蘇蒙於是轉而與烏斯滿合作，向烏斯滿提供武器裝備，派遣 6 人軍事顧問小組。1943 年 9 月，在蘇方支持之下，達列里汗帶領 14 名蘇方軍事顧問和游擊隊伍由外蒙進入阿山，與烏斯滿一起成立「阿勒泰哈薩克復興委員會」，新疆方面隨之對其展開圍剿，但是在蘇蒙支持之下，烏斯滿反叛力量屢次死而復生。1945 年 9 月，承化失守，伊犁方面組建了以烏斯滿為首，達列里汗、夏木塞和蘇聯顧問阿爾甫拜副之的阿山行政公署。但是由於各方利益不同，阿山政府隨之亦產生了分裂。

　　1947 年冬，烏斯滿被三區民族軍趕出阿山，烏斯滿與宋希濂在奇臺會晤，會晤中烏斯滿對宋希濂說：

　　　　蘇聯革命後，對在俄國境內的哈族人殘酷鎮壓，有許多人被殺害了，財產被沒收了，宗教信仰被剝奪了，現在新疆的一些哈族部落是由蘇聯逃過來的，因此我們哈薩克族人非常害怕和仇恨蘇聯。當 1944 年伊犁事變發生的時候，我曾和伊犁的一位哈族首領愛力汗（指艾力汗吐烈，三區政權當時的臨時政府主席）訂過一個密約：1、要保持中國的領土完整，反對使新疆脫離中國的任何企圖；2、堅決維護宗教信仰。這主要的兩點獲得了愛力汗的同意後，我才參加伊犁的事變，成為他們的支持者。但事變發生後不久，愛力汗發現事

〔註32〕周東郊：《盛世才在新疆的統治》，《新疆文史資料選輯》，第 6 輯，烏魯木齊：新疆人民出版社，1980 年，第 10 頁。

〔註33〕陳慧生、陳超：《民國新疆史》，烏魯木齊：新疆人民出版社，1999 年，第 346 頁。

變集團的一些重要負責人，有的是蘇聯人，有的加入了蘇聯國籍，例如軍事指揮官伊斯哈克江（指伊斯哈克伯克，當時任新疆民族軍總指揮），就是蘇聯的柯爾克孜人，是蘇軍中一個軍官；又如阿合買提江，雖然是在伊犁出生的維吾爾族人，但從小就在蘇聯，早已加入蘇聯籍，其他好些人或者是長期住在蘇聯，或者是在蘇聯求學，大多入了蘇聯籍。他們受蘇聯駐伊犁領事館的指揮，他們發動事變，成立所謂的「東土耳其斯坦共和國」，其目的是要使新疆脫離中國，成爲第二個外蒙古，我們哈薩克族人是不願意受這種統治的。愛力汗和在伊犁一帶的一些哈族首領，不同意他們這樣做，大多被他們逮捕了。阿合買提江等人知道我和愛力汗的關係，知道我不同情他們的主張，覺得我不願意受他們的指揮，就想收拾我，他們拉攏阿爾泰區的另一個哈族頭目達里力汗（指達列里汗）來和我搗亂，想以達里力汗來代替我，所以我要請求中央政府幫助我，我一定要和他們鬥爭到底。〔註34〕

1944 年 11 月 12 日，伊寧解放組織成立「東突厥斯坦共和國」臨時政府，並於 1945 年 5 月 1 日通過臨時政府九項宣言，宣佈「在東突厥斯坦領土上，徹底根除中國的專制統治；在東突厥斯坦境內各民族人民一律平等的基礎上建立一個眞正自由獨立的國家；由於東突厥斯坦人民大多數信仰伊斯蘭教，所以特別提倡這個宗教；同世界各民主國家，尤其是東突厥斯坦的鄰邦蘇聯政府建立友好關係」。〔註35〕東突厥斯坦政府成立後，推行民族壓迫的政策，主張民族分裂，遭到國內各階層的反對。同時民族分離勢力的興起，也給蘇聯中亞地區帶來了嚴重的安全隱患。出於國際國內安全考慮，蘇方及時更換了三區方面領導人，以防範整個中亞地區形勢的惡化。

1944 年 11 月 11 日，吳忠信、朱紹良聯名致電蔣介石，提出「建議由中央轉託華盛頓方面，對蘇聯政府側面進言，使兩國邊界如常安定，並請平時與蘇聯較爲接近之人員迅速來新，以便與蘇聯領事館切實接洽」。〔註36〕

〔註34〕 宋希濂：《新疆三年見聞錄》，《中華文史資料文庫》，北京：中國文史出版社，1996 年，第 114 頁。

〔註35〕 新疆三區革命史編纂委員會：《新疆三區革命大事記》，烏魯木齊：新疆人民出版社，1994 年，第 52 頁。

〔註36〕 新疆三區革命史編纂委員會：《新疆三區革命大事記》，烏魯木齊：新疆人民出版社，1994 年，第 34 頁。

1945 年 3 月 9 日，美駐新大使在致美國國務卿斯退丁紐斯的電報中認為，蘇聯「雖然不一定反對在新疆出現自治局面，但是莫斯科的宗旨是始終要對當地政府的政策方向施加壓倒一切的影響，尤其要左右新疆的全部對外聯繫。直接目的可能是要保持對地方當局活動幕後的控制權，而不公開承擔任何行政責任。」因此，對於新疆來說，在最近一個時期，「主權問題將處於次要地位」。〔註37〕而蔣介石的注意力主要在東北的接收問題上，認為蘇聯在新疆問題上的首要目的是以此干擾中國政府接收東北，至於「助長哈匪多佔地盤」，實現其「侵新之野心」，「尚在其次」。故決定對新疆問題不可以武力解決，「即使淪陷，只可暫時忍耐」，外交和宣傳也作低調處理，同時積極準備在新疆進行政治和宗教改革。他一方面表示允許邊疆民族自治，一方面派張治中赴新疆考察，提出解決問題的報告。〔註38〕

（二）阿拉善問題

1934 年 4 月 23 日，「蒙古地方自治政務委員會」成立，達理札雅以個人名義發去賀信，以示祝賀。之後又派遣參領陶‧米西格爾勒、佐領陳‧那筍巴圖到百靈廟和德王進行了溝通。1934 年秋，德王以蒙政會名義給阿拉善送去 50 瓦電臺一部和「七九」步槍 100 支。1935 年 12 月，德王到偽滿洲國新京會見日本關東軍司令官南次郎和西尾參謀長。隨即在德王協助之下，日本特務勢力開始進入阿拉善和額濟納地區。

為了避免阿旗出現變故，馬鴻逵在蔣介石授意之下，於 1938 年 1 月 25 日包圍定遠營，禮請達理札雅到銀川，後又輾轉到蘭州。之後，馬鴻逵計劃在定遠營設縣，但未遭到蒙藏委員會批准。1939 年，馬鴻逵又以辦事處名義在定遠營設立寧夏省政府駐定遠營辦事處，開始在定遠營清查戶口，編制保甲，登記壯丁。共在定遠編成 8 個保，120 個甲。1945 年抗戰勝利後蒙藏委員會派遣專員常駐阿拉善，協贊所有軍政事務，國防部亦設置軍事專員辦事處，督導邊防事務。中統、軍統、國防部二廳、西北行轅二處、寧夏省情調研室等，都設置了相應的情報機構。同時加封達理札雅為中央執行委員和國大代表、蒙藏委員會委員、行政院顧問、西北軍政長官公署參議及寧夏省政

〔註37〕 美國政府出版局：《美國對外關係文件》，1945 年，第 7 卷，第 995～997 頁。

〔註38〕 《總統蔣公大事長編初稿》（卷五），下冊，第 831 頁。薛銜天編：《中蘇國家關係史料彙編（1945～1949）》，北京：社會科學出版社，1997 年，第 439 頁；《新疆三區革命大事記》，第 98～99 頁；《張治中回憶錄》，第 418 頁。

府參議等頭銜。但是，阿旗政務實際上還受寧夏方面馬鴻逵實際影響，省旗之間的矛盾一直未能很好解決。

（三）寧夏之形同獨立的形成

馬鴻逵主寧以後，其所面臨的局勢「東有強寇之壓迫，南有『赤匪『流竄之虞，北有阿拉善達王未解之懸案，西與甘朱不和，形成四面楚歌之勢」，〔註39〕同時寧馬政權雖然說形式上爲國民政府的組成部分，但是中央與寧夏方面同時深知雙方在政治經濟上存在著利益衝突，雙方同時也都明白彼此又是不可分割的一個利益整體。寧馬也正是意識到了此點，因而加強了地方的控制與建設，力求最大程度上維護自己的統治。

馬鴻逵上臺伊始，就著手建立嚴密的政治統治。其對寧夏的統治，完全建立在軍事專制基礎上，使寧夏成爲具有濃厚私人家族色彩，以宗教、宗法關係爲紐帶的世襲工具。馬鴻逵本人以第十五路軍總指揮（抗戰開始後改爲第十七集團軍總司令）兼寧夏省政府主席、國民黨寧夏省黨部特派員，集黨政軍大權與一身。馬鴻逵曾言「鴻魁襲先人餘蔭，薄有自給之資，今承乏斯邦，倘敢妄取吾民一絲一粟，以實私囊者，是不特負我父老，抑且辱及先人，望我父老昭鴻逵之罪，與兄弟姊妹共棄之。受事之後，首當嚴申斯義，整躬表率，以戒僚屬，雖不敢標清廉之名，亦藉以愼公私之辯」。〔註40〕然而事實上卻是，這些不是中統就是 CC 抑或中央選派的廳長委員時隔未久，軟禁的軟禁、排擠的排擠、冷落的冷落，最後南京政府也不得不同意人事方面由馬鴻逵保薦，中央照章任命而已，中統最終還是爲馬統所替代。

爲了加強對這些公職人員的控制，馬鴻逵經常利用各種場合對其進行軍訓和精神訓話，灌輸忠於其的愚民思想。1940 年，寧夏省地方行政人員訓練團成立，馬鴻逵自兼主任，將全省各機關委員以下公務人員及縣鄉自治人員、保甲人員，分期集訓，大肆灌輸其「對長官之信仰和忠誠」，同時馬鴻逵又制定了《寧夏省公務人員三人以上聯保甘結辦法》、《公務員新生命》等，從各個方面加強對公務人員的控制，以致於形成了「雖回族領袖服從中央，而軍民只知領袖，不知中央」的局面。〔註41〕對此，馬鴻逵也頗爲自詡，認爲「頗

〔註39〕《日寇企圖進犯西北及西北現狀》，第二歷史檔案館，787-12781。
〔註40〕政協甘肅省委員會：《甘肅文史資料選輯・馬鴻逵史料專輯》，第 16 輯，蘭州：甘肅人民出版社，1983 年，第 42 頁。
〔註41〕馬鶴天：《開發西北與西北之前途》。《西北問題季刊》（上海），第 1 卷第 3 期，

著成效」。〔註42〕

　　在加強對公務人員的控制同時，馬鴻逵也加強了地方基層推行政令的組織和骨幹，為國民政府保甲制度的落實推行不遺餘力。1934 年，馬鴻逵成立行政人員訓練所，在十五路軍教導團第三期畢業學員中挑選五十餘名學員和一批寧夏青年幹部入所受訓，為實施保甲制度做準備工作。為了監督和加速推行編制保甲工作，於每縣又派軍隊一營，每區一連，強行推行保甲。到 1935年 7 月，全省共編成 642 保，8471 甲，統轄 123715 戶，1002876 人。為了完善保甲制度，寧夏方面又擬定了《寧夏省各縣保甲人員服務規程》、《寧夏省保甲整頓辦法》，劃分全省為三個保甲區，委派保甲指導員，專辦保甲工作。1940 年，馬鴻逵又下令清查戶口，實行新縣制，擴充保甲組織，鄉設民政主任，專門負責保甲工作。為了進一步地控制人民，馬鴻逵在保甲制度的基礎上又下令清查戶口，製發國民身份證、客籍入境居留證和通行證，強化了對人民的控制。在馬鴻逵治下的寧夏，人民行路住店，均要帶證，查無證者，即送交警察局扣押懲罰。

　　與推行保甲制度相配合，馬鴻逵還在寧夏設立了所謂的「馬統」特務稽查機關，迫害進步人士和反馬勢力，加強對寧夏的控制。1940 年又在全省設立 6 個分處，下轄分所，遍佈全省各個重要關卡。其負責全省的警衛、稽查、治安等責任，有指揮縣政府、警察局、保甲長特權，也有限制集會、結社、檢查書報、雜誌、郵電、違禁品以及傳訊、拘禁之權。並設有化裝偵探、巡視偵探、坐地偵探、諜報網等特務組織。〔註43〕這些特務組織與保甲制度一起共同構成了馬鴻逵寧夏統治的支柱。

　　作為軍閥統治的立身之本，馬鴻逵也十分清楚軍隊對其的重要作用。在其隊伍中也毫不例外的受到「甘、馬、回、河」的影響。在他的高級將領之中，也無一例外地均要符合這一條件。同時其家族之中的人物，既無軍功，亦無威望，但是憑藉著和馬的血統關係，一個個都身居要職，在軍隊中擔任軍長、師長、旅長等。為了更好地控制住軍隊，馬鴻逵制定了《軍人規範》259 條，要求官兵絕對服從，並隨時對官佐進行規範考問。同時其又頒發了

　　　　1995 年 5 月，第 17～18 頁。

〔註42〕寧夏省政府秘書處：《十年來寧夏省政述要》，第 1 冊《述要篇》，銀川：寧夏
　　　　人民出版社，1987 年，第 171～172 頁。

〔註43〕寧夏回族自治區參事室：《馬鴻逵家族軍發集團簡述》。

《指示私德修養令》、《改過遷善存誠去僞令》等，要求官兵永遠爲其效忠。

1938 年，馬鴻逵將寧夏省銀行改組爲官商合辦的寧夏銀行，由馬鴻逵擔任董事長，其堂兄馬繼德等四人爲董事，股東有馬鴻逵的第四夫人劉慕俠和第五夫人鄒德一，及其叔父馬福壽和軍隊中的師旅長和省政府的委員，行長則由其親信李雲祥擔任。1935 年國民政府實行幣制改革，法幣在全國流通，寧夏銀行卻獲得輔幣發行權，先後發行包括商券和銅元券在內的輔助貨幣 40 萬元。馬鴻逵以此爲資本，進而全面控制寧夏的其他經濟部門。

寧夏作爲一個多民族聚居區，社會的穩定，經濟的發展都需要一個良好融洽的民族環境。作爲回族地方軍閥，其自身利益在實際操作過程中是高於國家利益、民族利益、宗教利益的。因此從維護自身統治之計，意味著軍閥必須打破其統轄地域內的民族宗教界限，充分協調好各個民族階層之間的利益關係，從而最大限度的維護自己的統治。客觀而言，在馬鴻逵統治寧夏時期，其在民族政策上的政策還不失爲明智之舉。無論實際情況怎樣，馬鴻逵首先打出了國家高於宗教，宗教離不開國家的理念。他在《國家與宗教演詞》中強調「講信教自由，絕對不能離開國家，假使沒有了國家，雖欲問政治而專力信仰宗教以獨善其身，也不能由得自己，所以我們很肯定的可以說，宗教是必要國家來保護的，倘若離開了國家，根本上就無宗教而言，也可以說，有國家方有宗教，無國家即無宗教」。〔註44〕

作爲西北伊斯蘭教的主要傳播地區，寧夏境內分佈著格底目、虎夫耶、哲赫忍耶、嘎德林耶、伊赫瓦尼等教派，因此怎樣處理好各個教派之間的關係，也是一個關係到寧夏地區穩定的重要問題。對於馬鴻逵而言，其雖然貴爲一地之主，政權在握，但是對於教權而言，其明顯沒有青馬那樣得心應手。爲此，1938 年，馬鴻逵召集寧夏全省教長三百餘名，進行「戰時教育」討論。在討論會上，馬鴻逵強調，穆斯林民眾要把崇敬「眞主」的心用以「尊崇領袖」，「領袖」甚至可以取代眞主。〔註45〕在此馬鴻逵提出的領袖，不僅包括全國最高領袖，同時也包含了寧夏省最高領袖。馬鴻逵之意圖，是想通過「全省教胞的領袖」，把全省的穆斯林納入到寧夏最高的領袖統治之下。爲此就必須在某些民族問題上和國民政府相一致，他在《西北兩大問題》中說「宗教

〔註44〕馬鴻逵：《宗教與國家演詞》。《馬氏族譜・藝文集》，第 11～12 頁。
〔註45〕寧夏省政府教育廳編印：《寧夏省回教教長戰時教育問題討論會專刊（第 1 集）》，1938 年 8 月，第 11 頁，南京圖書館館藏。

是宗教，民族是民族，不能混爲一談，中國的人民，因信仰自由，信仰了回教，仍是中華民族，並不因信仰而變爲阿拉伯民族，這正好比中國人信仰佛教、信仰耶教，並不能因信教而變爲印度人、猶太人」，﹝註46﹞「回教是一種宗教而不是一種種族，如果謂回教即爲回族，那就錯誤太大了」。﹝註47﹞之後，他又將自己在 1934 年 2 月講的《西北兩大問題》與 1936 年 5 月講的《西北回漢問題之解剖》翻印成小冊子，並以多種形式廣爲傳播。其目的則只有一個，利用中央之威望來確定自己在寧夏宗教之上的領袖地位。

馬鴻逵接任寧夏省政府主席之後，一方面宣稱對各教派一視同仁，不偏袒任何教派，討好門宦和格底目；另一方面通過「中國回教協會寧夏分會」組織，實行了一系則的「改良」措施，大力推動和發展伊赫瓦尼的維新運動。﹝註48﹞先是在 1930 年以敦厚堂的名義，捐獻五萬紙幣作爲提倡，接著又在各地回民中捐款四十多萬元，作爲教育資金，支持伊赫瓦尼的「中阿並重」的經堂教育。接著又以敦厚堂的名義，邀請各地伊赫瓦尼的知名阿訇編撰專著，開展伊斯蘭教學術研究，大力提倡開辦阿訇教義國義講習所，極力扶植清眞寺的經堂教育，爲全省清眞寺募集百萬教育基金。把全省五百多清眞寺分爲頭、二、三等和小坊四個等級，一等分配兩千元，二等一千元、三等五百元，四等五十元，用於購置田地、房產或牲畜，作爲經堂教育的基金，用於支持各地的傳教事業。

正是通過這一系則的政治經濟手段，馬鴻逵得到了全省宗教人士的支持擁護和國民政府的認可，從而牢固地把寧夏的政權握在自己手中。

面對國民政府的滲透，馬鴻逵先從爭奪司法權入手。寧夏高等法院院長原爲馬鴻逵的財政廳長調任，在處理行政事務中對馬多有掣肘。同時馬又擔心梁日後向國民政府檢舉其不法貪墨之事實，於是暗中指使省政府審核處處長趙文府嚴格挑剔梁敬鐔的財政廳交接手續，對梁百般刁難，使得梁難以再在寧夏立足。這樣馬就保全了其屬下蘇連元寧夏高等法院院長的位置，統一掌管了寧夏的黨政軍法大權。

對於國民政府控制的在寧行政部門，馬鴻逵是寸土不讓，寸權必爭。寧

﹝註46﹞　馬鴻逵：《西北兩大問題》，寧夏省政府秘書處印行，1934 年，第 14～15 頁。
﹝註47﹞　馬鴻逵：《宗教與國家演詞》。《馬氏族譜・藝文集》，第 13 頁。
﹝註48﹞　勉維霖：《寧夏伊斯蘭教派概要》，銀川：寧夏人民出版社，1981 年，第 122 頁。

夏第一任教育廳長葛武棨因受馬鴻逵的排擠，被迫離寧。後陳立夫派童耀華接任。童自恃屬 CC 派，恃寵放縱，結果為馬抓住把柄，被迫辭職。隨後國民政府又接連派來時子周、駱美奐、王星周、楊德翹等，〔註49〕其結果最終都為馬鴻逵所排擠。最後國民政府不得不對馬鴻逵讓步，由馬保薦楊作榮先行代理，後又正式任命，這樣，寧夏的教育大權也為馬鴻逵所控制。

　　1933 年國民黨寧夏省黨部以馬鴻逵為主任委員，王含章、張天吾、楊作榮等為委員，陳克中為秘書長。但是後來在孫馬大戰中除卻楊作榮外，其他人都託故離開了寧夏。事後馬對楊多加信任，陳等回到寧夏后遂秘密向陳立夫密電「馬、楊關係頗惡」，陳遂調楊作榮離開寧夏，這引起了馬鴻逵的深為不滿。後來國民黨中央又派來了兩個 CC 系分子，結果都為馬鴻逵排擠，省黨部遂由馬鴻逵屬僚分任委員、書記長。朱家驊任國民黨中央組織部長時，先後派來馬濟林等人繼任國民黨寧夏省黨部委員，但是，無論馬濟林等人怎樣努力，始終也無法在省黨部人選上安插進去國民黨的勢力。最後，國民黨也不得不承認寧夏省黨部現狀。

　　對於軍統特務機關在寧夏各地設立的「緝私處」，馬鴻逵派省政府工作人員參加進去。後來又覺得緝私處對其統治存在潛在的威脅，於是便千方百計阻撓其活動，在糧食供應、電臺設置、人員戶口等級等各個方面對其進行暗中阻撓，使得這些特務機關無法在寧夏開展正常的工作，後來又利用「曹三事件」迫使軍統特務機關不得不轉入地下，完全隱蔽起來。〔註50〕

　　1941 年國民黨召開五屆六中全會，馬鴻逵以國民黨中央委員的身份參加大會，在會上馬鴻逵積極發言，極力迎合國民黨右派反共勢力，聲稱「若共黨共軍要侵擾寧夏，破壞地方秩序，我決以武力對付，格殺勿論」。〔註51〕正是馬鴻逵在反共問題上和國民黨保持著高度一致，國民政府也需要馬鴻逵來遏制陝甘寧邊區的發展，因此在國內政治上對馬鴻逵還得依靠，這樣就給馬鴻逵造成了可乘之機，其正好利用此點對國民政府進行討價還價，在最大程度上保持住自己獨立地位。而國民政府在國內外許多問題上一時難以西顧，因此在大的整治前提利益一致的情況下，不得不坐視馬鴻逵日益強大。

〔註49〕 文斐：《我所知道的馬鴻逵家族》，北京：中國文史出版社，2004 年，第 239頁。

〔註50〕 《甘肅文史資料選輯》，第 16 輯，蘭州：甘肅人民出版社，1983 年，第 96頁。

〔註51〕 張樹林、張樹彬：《馬鴻逵傳》，銀川：寧夏人民出版社，2008 年，第 363 頁。

　　正是這種特殊的民族、宗教、地理、政治環境，造成了在寧夏地區民族
政策、宗教政策與國內政治環境的有機結合，國民政府通過寧馬達到了民族、
宗教、政治的平衡，而寧馬則借助民族、宗教、政治上的特殊背景，把國民
政府的民族與政治結合在一起，從而維護了自己在寧夏的統治。

（四）青馬家族勢力之鞏固

　　國民政府建立以後，為了加強一黨專政的政治體系，有效控制地方，除
了採用軍事手段以外，還建立了一支龐大的特務組織，從不同的方面向地方
的黨政軍和社會各個階層滲透，偵查和監視地方各種情況。1938 年青海省黨
部組成以後，全省的黨務幾乎全為 CC 系所掌握，歷任書記或書記長，均由國
名黨中央指派 CC 系骨幹分子充任。國民黨在青海省的活動對馬步芳的統治形
成了一種潛在的威脅，在馬步芳的排擠壓迫之下，先期來的黨務特派員和書
記或書記長被迫相繼離職。省政府各廳局長的任免，國民政府長期不能掌握，
完全由馬氏提名，政府只剩下在行政上例行手續之權利，而僅有的黨務成果，
在馬步芳上臺後不久也為馬氏所奪取。1938 年，蔣介石指派馬步芳為青海省
黨部主任，馬紹武、郭學禮、翟玉航、謝士英和李曉鐘為委員，利用馬紹武
對馬步芳形成一種制約，但後來還是為馬步芳重金收買，馬紹武也被排擠出
青海。1938 年初，蔣介石在武漢組織成立「三民主義青年團」，1942 年三青
團青海支部正式成立，馬步芳便通過施加壓力把馬繼援安插進幹事會，1946
年 5 月，三青團青海支部進行第二次改選，馬步芳通過拉攏、賄賂、威脅等
手段把三青團的領導權奪取到手。總而言之，針對國民政府在青海的政治統
治，青馬集團採取種種手段，不惜金錢賄賂、政治威脅等，使得國民政府在
青海的種種措施都流於形式，亦或最終淪落為青馬的統治工具。

　　西北地區是為回族主要聚居地。抗戰時期，國民政府開始注重西北，但
一時又無力直接經營，於是就想利用民族宗教來加強對西北的控制。1938 年
「中國回教救國協會」成立，白崇禧為理事長，白以馬步芳、馬鴻逵為名譽
會長，藉以籠絡二馬。馬步芳對於白的拉攏表面應付，但是在涉及自身利益
的問題上卻是涇渭分明。白崇禧曾經在國民黨中央軍校廣西分校派了一批畢
業生到青海幫助青馬整頓軍隊，馬步芳對於這批人熱情接待，但就是不分配
具體工作，使得他們長期閒置，終日無事可幹，最終把他們排擠出了青海。

　　國民黨為了控制青海輿論，早在 1938 年就創辦了《青海民國日報》，之
後又創辦了《青海評論》、《青海民國日報》和「邊聲」、「民眾樂園」、「曙光」、

「輪影」、「冰絲」等副刊，通過新聞輿論加強對馬步芳的制約。爲了對抗國民黨的新聞壓力，馬步芳密令各地辦事處拉攏和收買當地新聞界進行對抗，並通過御用的《一零零週刊》、《崑崙月刊》等進行對抗和反宣傳。其後，馬步芳又調換了《青海民國日報》的負責人，以自己的勢力充當社長，從而直接操縱和控制了青海輿論界。1941 年以後，每年由湟中實業公司撥付大量的黃金、白銀，由駐各地的辦事處收買當地新聞記者，以爲己用。1944 年 10 月，更是成立了名義上屬於國民黨軍事委員會，實際上爲馬步芳操縱的青海省新聞檢查處，進一步加強了對新聞輿論工作的直接干涉。

在政治和文化上同國民政府反控制之時，青馬也加強了經濟上同過國民政府的抗衡。雖然說單憑青海一隅，難以與整個國家經濟相拒，但是青馬方面在經濟的發展上，特別是軍閥壟斷經濟的發展上還是不遺餘力的。他們憑藉政治強權掠奪的方式積累大量的財富，繼而開始在地方設立銀行，創辦各種馬記商號、公司、興辦實業，形成地方性壟斷資本集團，以此與國家壟斷資本相抗衡，進而更有效地保護其家族在青海的世襲統治。四大銀行進入青海以後，青馬在其領地內獨佔的金融權益受到了侵犯，在排斥和控制中央銀行在地方的活動的同時，青馬也極力爭奪地方金融的壟斷權。1935 年，青馬就向國民黨中央財政部提出報告，要求借款籌辦青海銀行，未獲南京政府的批准，於是就走上了依靠自己發展的道路。馬步芳一手創辦了義源祥商號，接辦了馬麟創辦的協和商棧，開始逐步實現對全省商務的壟斷。1938 年，馬步芳又籌辦了德興海商號，到了抗戰時期，馬家資本急劇膨脹，獨佔法幣資本總額達一千萬元以上，同時利用政治優勢，又控制了全省的大小企業、商號。到 1946 年湟中實業有限公司成立，下設青海實業銀行、西北工礦公司、西北畜牧公司、林業部、商業部等附屬機構，壟斷了全省的農林牧漁工礦商等各個方面，最終完成了馬家地方官僚資本經濟的建立，並全面操縱青海社會經濟的各個領域。

1944 年秋，馬步芳報請國民黨中央行政院、財政部正式批准，於 1946 年 1 月正式成立青海省銀行。青海省銀行成立後，即成爲馬步芳與四大銀行分庭抗禮的工具，在「統一全省收支、通盤運用」的名義下，他責成省銀行代理省金庫，負責黃金收兌，並運用政治權利使地方公私存款集中於省銀行。湟中實業銀行成立後，湟中實業有限公司及馬步芳開設的其他所有工廠、企業的資金，都由該行管理。1948 年下半年，馬步芳以湟中實業銀行的名義，兩

次發行以銀元爲計算單位，面值爲五分、一角、兩角、五角的四種銀行本票，與國民政府爭奪紙幣的發行權，從而實現了對青海金融的全面壟斷，成爲在財政上獨立於中央的地方金融寡頭。

寧海軍建立之時，只有馬步兵三千餘人。到了抗戰時期，其所轄兩個正規軍、一個獨立師總計將近十餘萬人。而到了解放戰爭之時，青馬集團共計有四個軍、一個騎兵師、二個獨立旅、三個保安團師，共約十五萬餘人再加上七萬餘人的民團武裝，到了四十年代，馬家正規軍和非正規軍的人數占全省人口的六分之一強。在這種窮兵黷武的政策之下，如何控制好這麼一支龐大的隊伍，馬步芳也可謂絞盡腦汁，首先他在軍隊裏實行家族式統治，使得所有大小軍官惟其命是從；其次，在軍隊中大力宣揚「團體意識」，向軍隊灌輸封建地域觀念和狹隘的地方主義色彩，同時打著民族和宗教的旗號，對下層進行欺騙愚弄，宣傳「整我步騎，走遍西北」、「保衛桑梓、保衛家鄉」、「軍事第一、勝利第一」等口號，教育和宣傳軍隊「服從軍長」和「效忠黨國」。

對於民族宗教問題之利用，早在馬麒時代就開始扶植新新教派，借宗教力量擴充實力。〔註52〕並且青海省內的阿訇，也完全由馬麟委派。當顧執中等向馬麟辭行時，見到馬麟正在中山堂做禮拜。由此可見青馬對於宗教與政治之利用。到了馬步芳時期，經過民初一二十年來的變化，宗教已經變爲政治的工具。因此，馬步芳強調「無論回教、佛教，只要對於他的教義能眞心奉行，省政府當然要根據法律加以保護，如果有人對於教義不好好遵守，因而引起地方許多不平靜的事情時，省政府仍然要根據法律，予以制裁，這並不是在拒礙宗教，實實在在是在保護宗教」。〔註53〕不僅如此，馬步芳還在軍隊中進行宗教教育，譬如，《士兵常識課本》就有《默罕默德》這樣的宗教篇章。〔註54〕而且，在青海部隊中還設有阿訇，並且還爲軍隊中的阿訇舉行訓練班，騎五軍入疆之時更是如此。

青海自古就是一個多民族聚居區，各民族之間通過長期的生產勞動和文化交流，逐漸形成了互助團結的友誼關係。青馬上臺之後，承襲了歷代統治者分而治之的傳統，利用各民族之間的草場之爭和宗教矛盾，製造和挑起各

〔註52〕 王亞森，姚秀川主編：《青海三馬》，北京：中國文史出版社，1988年，第74～77頁。

〔註53〕 《馬主席第二次對化隆縣民眾訓詞》。《青海省政府公報》，第70期，1938年8月，第88頁。

〔註54〕 陸軍第82軍參謀處編印：《士兵常識課本》，青海印書局，第24頁。

種糾紛，藉以從中分而治之。馬氏以回族上層人士爲骨幹，分別容納各民族和宗教界的上層知識分子，籠絡和統治各民族群眾，達到團結安定內部，一致對外的目的。雖然說在各種公開場合也對外宣佈標榜民族平等，實際上卻是少數人的平等，對於大多數少數民族及其下層民眾而言，他們面臨的卻是比以往更加殘酷的壓迫和剝削。馬氏集團對這些民族採用的是軍事高壓政策，順之者昌，逆之者亡。但是對於對於這些民族的上層王公千百戶及土司等，馬氏卻是優而待之，分別委以不同的職位，借其蒙藏王公百戶的名義向中央挾以自重，使其爲馬氏集團的統治利益服務。作爲西北的回族軍閥，民族宗教因素也是青馬集團統治策略之中的重要一環。因此，馬步芳大力拉攏省內外的一些伊斯蘭教阿訇，資助其宗教、商務及文化機構，同時向一些宗教活動、宗教場所大量捐資，以求獲得宗教上的好感和支持，從而形成教權和政權的互爲表裏，互相支持。對於省內的其他宗教，在以伊斯蘭教爲主的前提之下，兼收並蓄，允許其在不危及自身統治的前提下自由發展，並利用其中一些宗教上曾人士的各種關係，給予他們一定的經濟援助、政治拉攏，使其最終都歸入到馬氏門下，成爲青馬的御用工具。

馬步芳曾對外宣稱「全國甚至全世界，對於青海最稱讚、最欽敬的，就是我們雖說有漢、回、蒙、藏各種不同的民族，但是相親相愛，精誠團結得像一家兄弟一樣」，〔註55〕青海各個民族之間「蔚至融洽，團結無間，造成了全國各省甚至舉世稀有的奇蹟」。〔註56〕然而無論是其平等團結的民族政策，還是自由融洽的宗教政策，都是以服從其專制統治爲前提的，一旦有危及自身利益的傾向或行爲，就會毫不留情地殘酷鎮壓。

民族、宗教、政治三者之間的緊密結合，是青馬集團能夠在西北長期存在的一個重要原因。在這三者之間，回族軍閥起到了核心紐帶的作用。首先，通過軍事、經濟、政治利益的一些分配，吸收民族中的優秀分子和上層人士參加到青海的各個方面，使之與其成爲一個休戚與共的利益整體。然後再通過這些人去影響大多數人，進而把自己打扮成民族，地區利益的代言人，從而營造出自己的群眾基礎。其次，在宗教上，青馬深知宗教在西北民眾之間

〔註55〕《青海省政府告本省蒙藏哈薩王公千百戶書》（漢藏文本），青海省圖書館館藏，第 6 頁。
〔註56〕芝草：《青藏公路是怎樣修成的》。《西北通訊》（南京），第 8 期，1947 年 10 月，第 24 頁。

的重要作用。因此，大力扶植新新教，強制推行伊赫瓦尼，打擊排擠其他教派，甚至不惜派遣軍隊參加到教派爭端之中。在大力推行新新教過程中，諸馬帶頭信奉新新教，並以新新教爲號召，帶動青海回族的宗教熱情，使新新教成爲青海最具有影響力和勢力的宗教。新新教借助青馬在青海取得絕對優勢，而青馬則借助宗教成爲具有宗教和世俗雙重領導身份的政治人物。最後，宗教活動深深地滲透到青海社會經濟以及政治的各個方面。民族、宗教、政治三者之間的有機融合，使得外來勢力很難在青海站穩腳跟，也同時造就了青馬在青海牢不可破的基礎。

相對於國民政府而言，雖然說名義上取得了全國的統一，得到了大小軍閥的擁戴。但是自從成立之日起，便一直處於內憂外患之中，國家戰爭一直連綿不斷，經濟建設也一直沒有能夠很好的進行。國家政治、經濟、軍事力量的不濟，使得其經營青海就顯得力有不及。同時在西藏、新疆、防蘇、防共問題上又對青馬多有倚重，因之不得不對青馬採取相對懷柔的統治政策。

第二節　政策提出

爲了解決日本投降後國內所面臨的各方面問題，1946 年 12 月 25 日國民大會通過，1947 年 12 月 25 日國民政府開始實施新的《中華民國憲法》。其中關於民族政策方面：

第　七　條　中華民國人民，無分男女、宗教、種族、階級、黨派，在法律上一律平等。

第一三條　人民有信仰宗教之自由。

第二六條　國民大會以左列代表組織之：蒙古選出代表，每盟四人，每特別旗一人。西藏選出代表，其名額以法律定之。各民族在邊疆地區選出代表，其名額以法律定之。

第六四條　立法院立法委員依左列規定選出之：蒙古各盟旗選出者；西藏選出者；各民族在邊疆地區選出者。

第九一條　監察院設監察委員，由各省、市議會，蒙古、西藏地方議會及華僑團體選舉之。其名額分配依左列之規定：蒙古各盟旗共八人；西藏八人。

第一一九條　蒙古各盟旗地方自治制度，以法律定之。

第一二〇條　西藏自治制度，應予以保障。

第一六八條　國家對於邊疆地區各民族之地位，應予以合法之保障，並於其地方自治事業，特別予以扶植。

第一六九條　國家對於邊疆地區各民族之教育、文化、交通、水利、衛生及其他經濟、社會事業，應積極舉辦，並扶助其發展，對於土地使用，應依其氣候，土壤性質，及人民生活習慣之所宜，予以保障及發展。

　　1945 年 5 月 5 日至 30 日，國民黨第六次全國代表大會通過了第一次代表大會宣言，指出「政府處理蒙藏事務，一以三民主義爲最高原則，以各宗族一律平等爲基點，進求融合其文化習俗，消弭狹隘之部落界限。一面培養各宗族之自治能力」，〔註57〕宣言強調「民族主義之目的，一曰中國民族自求解放，一曰國內各民族一律平等」，「爲貫徹民族主義之目的，必以全力解除邊疆各族所受日寇劫持之痛苦，亦必以全力扶助邊疆各族經濟、文化之發展，尊重其固有之語言、宗教與習慣，並賦予外蒙、西藏以高度自治之權。民族主義徹底施行之日，即爲我國家長治久安永保團結之時」。〔註58〕「現階段之中心要求，在於加速勝利，鞏固國基，扶助邊疆民族，以造成獨立自由之統一國家，因此主張，實現蒙藏各民族之高度自治，並扶助邊疆各民族經濟文化之平衡發展，以奠定自由統一中華民國之基礎」。〔註59〕

　　1946 年 3 月 1 日至 17 日，國民黨六屆二中全會通過了《對於邊疆問題之決議案》，對於抗戰勝利後如何處理國內民族問題做出了九條規定：

一、在根據三民主義五權憲法組成統一民族國家之原則下，憲法中應有明白規定，保障邊疆民族之自治權利。

二、改組後之國府委員及行政院之政務委員中，均須有蒙藏回三族忠實幹練之同志參加。

三、蒙藏回三族賢能人士，須有充分機會參加各院部會實際工作。

〔註57〕《吳鼎昌在中國國民黨第六次全國代表大會上做政治總報告》，《中華民國史檔案資料彙編第五輯第二編政治（一）》，南京：江蘇古籍出版社，1991 年，第 746 頁。

〔註58〕《中國國民黨第六次全國代表大會宣言》，《中華民國史檔案資料彙編第五輯第二編政治（一）》，南京：江蘇古籍出版社，1991 年，第 838 頁。

〔註59〕《中國國民黨第六次全國代表大會宣言》，《中華民國史檔案資料彙編第五輯第二編政治（一）》，南京：江蘇古籍出版社，1991 年，第 813 頁。

四、於新增之國民大會代表名額中，酌增蒙藏回三族代表名額，由中央推選之。

五、改組蒙藏委員會爲邊政部，使蒙藏回三族幹練人士，得參加實際工作，擔負實際責任。

六、在邊疆民族所在地，各級學校之施政，應注重本族文字，並以國文爲必修科，由教育部斟酌施行，各機關之行文，以國文及本族文學並用爲原則。

七、中央對於邊疆各地自治制度，須按各該地實際情形作合理之規定。關於內蒙古部分，恢復原有之蒙古地方自治政務委員會，並明白劃分盟旗政府與省縣間之權限。關於新疆部分，應按照解決新疆省局部事變所定之辦法實行。關於省屬藏族部分，應予以確實參加省縣政治之機會。

八、關於邊疆各地之經濟交通教育衛生救濟各項事業，應加撥專款，責成各該主管機關，擬定實施方案，迅予推行。

九、國防軍駐屯邊疆民族所在各地應集中於數衝要地，其餉糈由中央供給，不干涉地方行政，所有地方保安隊，應以訓練本族及本地人民充任爲原則。〔註60〕

1947年3月24日，國民黨第六屆中央執行委員會第三次全體會議通過《政治改革案》，意圖挽救其所面臨的政治危機。對於邊疆民族地區，其規定：

> 國內各民族一律平等，爲本黨一貫之主張，國民大會復明定於憲法，本黨必竭誠擁護，促其實施。邊疆地區民生之實際痛苦，本黨當依憲法基本國策第一百六十八條、第一百六十九條之規定，努力迅予解除。盟旗與省縣之關係，應請政府斟酌實地情況，及現行法令，妥訂調整辦法，予以實施。注意邊疆教育，培植各族青年，以增進其公共事業服務之能力與機會，其衛生機構及社會福利事業，應予回復及充實。徹底改革及充實中央邊政機構，並盡量引用邊疆地區幹練人士參加實際工作，而負實際責任。〔註61〕

〔註60〕《對於邊疆問題報告之決議案》，《中華民國史檔案資料彙編第五輯第三編政治（一）》，南京：江蘇古籍出版社，1999年，第474頁。

〔註61〕榮孟源：《中國國民黨歷次代表大會及中央全會資料（下）》，北京：光明日報出版社，1985年，第1131頁。

對於蒙古問題，1946 年 3 月 23 日，蔣介石在《爲匯核修正邊疆各盟旗地方自治方案致國防最高委員會代電》中重申邊疆各盟旗地方自治方案中指出，旗爲地方自治單位，旗以下之參佐制度仍舊。盟設盟政府，盟政府主席由國民政府任命之。盟政府直轄於行政院，不屬於盟政府之旗隸屬於所在地方之省政府。盟、旗有關涉及省縣事宜應與省縣政府協商之。〔註 62〕青海、新疆盟旗參照該方案參酌辦理。

抗日戰爭後，邊疆地區內向與外傾、盟旗與省縣、國共之鬥爭日趨嚴重，這些都嚴重影響著邊疆民族地區的穩定。1947 年 7 月《國民參政會四屆三次大會通過調正中央邊政機構及從速改進盟旗政治案》，提出：

> 充實中央邊政機構之職權，使其確實具有指導邊疆各民族自治及推進邊疆經濟、文化建設之能力。中央邊政機構之副首長，應遴選忠誠幹練、久著勤勞、明悉邊情、素孚邊胞重望蒙藏籍人士充任之。增選該機構委員連正副首長爲三十七人，蒙古各盟與特別旗及西藏與省屬藏區 21 人，回族與回教 7 人，熟悉邊情之內地人士 7 人。經常派員至各邊地考察，藉悉施政之情況。〔註 63〕

1947 年 7 月，國民參政會四屆三次大會通過《擬具蒙旗地方自治原則案》，同月，蒙藏委員會亦出臺了《蒙古各盟旗地方自治方案草案》二十八條，根據憲法第 119 條精神從原則、自治事項、自治組織、自治財政、自治監督、盟旗與省縣關涉事項、附則幾個方面對蒙旗自治方案作出詳盡的規定。〔註 64〕但是一直等到 1949 年 6 月 30 日，行政院方頒佈准予成立內蒙自治籌備委員會指令，但此時國民政府在大陸已呈敗勢，其盟旗政策亦不了了之。

1945 年 10 月 6 日，麥斯武德等在籌建新疆高度自治致蒙藏委員會函中要求新疆享有同西藏、外蒙同等自治之待遇，並提出：

> 新疆高度自治，則於國父遺教、國民革命之目的、建國大綱及第一次代表大會宣言及鈞座訓示國內民族一律平等之原則，民族間

〔註 62〕 《爲匯核修正邊疆各盟旗地方自治方案致國防最高委員會代電》，《中華民國史檔案資料彙編第五輯第三編政治（五）》，南京：江蘇古籍出版社，1999 年，第 7 頁。

〔註 63〕 《國民參政會四屆三次大會通過調正中央邊政機構及從速改進盟旗政治案》，《中華民國史檔案資料彙編第五輯第三編政治（五）》，南京：江蘇古籍出版社，1999 年，第 22～23 頁。

〔註 64〕 《蒙古各盟旗地方自治方案草案》，《中華民國史檔案資料彙編第五輯第三編政治（五）》，南京：江蘇古籍出版社，1999 年，第 25～29 頁。

彼此之隔閡仇恨亦可泯滅於無形。新疆省府委員、主席及各級官吏均按新疆民族人口之比例任用土著，中央若派員則應尊重人民權益，深明蘇聯之一般情形及民族政策者，洞悉世界各國之回教情形者。〔註65〕

1945 年 10 月 16 日，國民政府內政部在會商之後認爲：新省爲西北國防之重要基地，不應實行高度自治。省府除重要單位外，餘可酌用該省人士。〔註66〕

　　1945 年，內政部政務次長張維翰視察新疆後提出解決方案，內政部 1946 年 3 月 5 日會商後形成新疆問題之建議：

　　　　對新疆各民族予以適度自治。盡量選拔該地各族人才參與地方行政或自治機構。慎選派往新省官吏，並切實提高其待遇。於南疆一帶擇地設立學校，予該地青年以短期訓練，俾畢業後選送內地，免費就學。運用各族固有文字、語言，普及國民教育。尊重當地民族利益，發展其經濟力量，並改善邊胞生活，加強與內地經濟之聯繫。策動當地政教領袖常來內地觀光，並獎勵各族與漢民通婚。〔註67〕

對於新疆蒙旗事務，國民政府行政院秘書處在關於新疆蒙旗急待解決問題報告書致蒙藏委員會函中向蒙藏委員會提出解決新疆蒙旗之方案：懲辦貪官污吏，和平解決新疆武裝衝突，擬定邊疆各盟旗地方自治方案，救濟難民，設立蒙回學校，發展南北疆蒙旗衛生、畜牧獸醫事宜，〔註68〕

　　盛世才離新後，蘇聯加大了對新疆事務的干涉，歸化族問題此時亦成爲中蘇關係及新疆民族問題的一個重要方面。爲此，內政部根據甘肅省第一八六四號通知單和蒙藏委員會 4 月 1 日京蒙字第一○八七號公函及外交部 4 月

〔註65〕《內政部爲會商賣斯武德等籌建議新疆高度自治致蒙藏委員會函》，《中華民國史檔案資料彙編第五輯第三編政治（五）》，南京：江蘇古籍出版社，1999年，第 480～481 頁。

〔註66〕《內政部抄送會商新疆高度自治案之紀錄致蒙藏委員會函》，《中華民國史檔案資料彙編第五輯第三編政治（五）》，南京：江蘇古籍出版社，1999 年，第 483 頁。

〔註67〕《內政部關於新疆民族同化問題意見及建議等情函》，《中華民國史檔案資料彙編第五輯第三編政治（五）》，南京：江蘇古籍出版社，1999 年，第 485～488 頁。

〔註68〕《行政院秘書處在關於新疆蒙旗急待解決問題報告書致蒙藏委員會函》，《中華民國史檔案資料彙編第五輯第三編政治（五）》，南京：江蘇古籍出版社，1999 年，第 502～504 頁。

17 日第七八六六號代電，形成了最終方案：新疆省之歸化族原係無國籍之白俄，且未依照中國國籍法之規定辦理歸化中國手續，應視爲無國籍人，其在華居留遷徙，似應依照無國籍人居留規則之規定辦理。其有自願歸化中國者，可速依中國國籍法之規定辦理取得中國國籍之手續。其父母均爲無國籍之白俄，依照同法第一條第四款之規定只屬於中華民國國籍。〔註69〕

第三節　西北地方民族政策的形成

一、國民政府西北民族政策的重新確定

　　1941 年 7 月，鑒於盛世才開始內向，國民政府制定了「收復新疆主權方略」，確立了：收復新疆主權，對蘇繼續友好，準備軍事進取的方略，並以「柴達木屯墾的名義，催促騎五軍盡速進駐該地」。從而控制了河西走廊，爲下一步進軍新疆奠定了基礎。在配合軍事進取的同時，開始在政治上逐漸形成了對新的民族政策。

　　隨著抗日戰爭的勝利和世界範圍內民族獨立運動的興起，國民政府面臨即將來臨的國際國內變動格局，重新調整了其民族政策，以應對戰爭末期的邊疆危機。1942 年 8 月 27 日，蔣介石在西寧演講時稱：「我們中華民族乃是聯合我們漢、滿、蒙、回、藏五個宗族組成的一個整體的總名詞，我說我們是五個宗族而不說五個民族，就是說，我們都是構成中華民族的分子，像兄弟合成家庭一樣，我們集許多家族而成宗族，更由宗族合成爲整個中華民族」。〔註70〕

　　1943 年蔣介石在其《中國之命運》一書中對其民族政策做了進一步的闡述：「我們中華民族是多數宗族融合而成的，融合於中華民族的各宗族，歷代都有增加，但融合的動力是文化而不是武力，融合的方法是同化而不是征服⋯⋯四海之內，各地的宗族，若非同源於一個始祖，即是相結以累世的婚姻」，〔註71〕對於國內各民族「務使國內各宗族一律平等，並積極扶助邊疆各

〔註69〕《內政部關於新疆歸化族管理意見致蒙藏委員會代電》，《中華民國史檔案資料彙編第五輯第三編政治（五）》，南京：江蘇古籍出版社，1999 年，第 504～506 頁。

〔註70〕林恩顯：《國父民族主義與民國以來的民族政策》，臺北：國立編譯館，1994 年，第 200 頁。

〔註71〕蔣介石：《中國之命運》，正中書局，1943 年，第 184 頁。

族的自治能力和地位，賦予以宗教、文化、經濟均衡發展的機會」。〔註72〕在此對於蔣介石的宗族概念做一溯源，民族宗族之間的關係最先見諸與孫中山先生的三民主義一書中：「什麼是民族主義呢？按中國歷史上社會諸情形講，我可以用一句簡單話說，民族主義就是國族主義。中國人一盤散沙，就是因爲一般人民只有家族主義和宗族主義。就中國人的團結力而言，只能及於宗族而至，還沒有擴展到國族」。〔註73〕應該說從孫中山到蔣介石，其宗族概念的提出是和中國當時內憂外患的嚴峻形勢分不開的。但是兩者概念的不一致在民族政策的實施過程中造成了一些不必要的麻煩。到了 1945 年以後，隨著日本的投降，國共和談的開始，國民政府對其邊疆民族政策做了進一步的完善。

　　首先在民族問題上規定了各民族一律平等，人民有信仰宗教之自由。國家對於信教自由問題，採取超然中立態度，信教者於舉行宗教儀節，須不妨礙公共的秩序及善良的風尙；國家對於邊疆地區的經濟、文化、教育、交通、水利、衛生及其他社會事業，應積極舉辦，並扶植其發展。〔註74〕在民族自治問題上，國家對於邊疆地區各民族施政方法上對此不妨另想變通辦法，以適合他們的需要，而同時在政治上，政府對他們的地位亦應予合法之保障，並且對於他們的地方自治事業，只要在沒有不利於整個國家的政治背景，或其他危害國家的舉動之大原則下，政府應以予扶植。　〔註75〕在中華民國憲法之中規定，對於西藏自治制度，應以予保障；蒙古各盟旗地方自治制度，以法律定之。而獨對於新疆問題究竟怎樣具體對待，沒有明確的條文規定，只是在中央整體民族政策的框架之下，由地方當局具體實施。這裡面隱含著一個民族區分的問題。自清朝以來，現在的回族、維吾爾族等信仰伊斯蘭教的民族被統稱爲回，這中間涉及到青海馬步芳集團，寧夏馬鴻逵集團，原本這兩大集團與中央的關係就是若即若離，爲了加強對寧青的控制，維護西北的穩定，因而，對於回民族究竟該怎樣的一種政策，中央政府一時難以具體。所以其治新的民族政策就主要體現在哈薩克、維吾爾兩大民族的政策之上。

〔註72〕蔣介石：《中國之命運》，正中書局，1943 年，第 188 頁。
〔註73〕孫中山：《三民主義》，長沙：嶽麓書社，2000 年，第 2 頁。．
〔註74〕周昆田：《中國邊疆民族簡史》，臺灣書店，1962 年，第 2 頁。
〔註75〕段林臺：《中華民國憲法釋義》，山西圖書協會發行，1948 年，第 137 頁。

二、新疆省政府關於新疆之民族政策

吳忠信接任新疆省政府主席後，面臨的新疆北部有蘇聯支持的烏斯曼暴亂，內部還要解決盛世才時期在新疆遺留的諸多問題。基於對新疆形勢的分析，蔣介石認為「安定新疆之道，必須能安地方人士之心，能安蘇聯之心」，〔註76〕因而，吳忠信治新之宗旨亦是秉承蔣介石之思想，「融和各方，求得一安定局面，亦不可存有以某地人制服某地人之心」，〔註77〕其主新方針「先求地方安定，一俟基礎穩定，則經濟貿易各項建設，當求逐步推進也」。〔註78〕

為了達到新疆地方粗安局面的形成，吳忠信上任伊始，首先從解決盛世才時期遺留下來的民族問題入手。1944 年 10 月 10 日，其在《告新疆民眾書》中宣稱「在民族主義方面，以宗族平等為基點，尊重其文化習俗，而進求團結融洽；在民權主義方面，注意培養各宗族的自治能力，使能運用四權，為憲政實施的基礎；同時盡量任用宗族人才，共負建國責任，在民生主義方面以為邊疆本地各宗族謀利益之原則，發展原有生產事業，善用勞力，開發交通，充實資金，促成經濟繁榮，使人民得享生活優裕的幸福」，對於新疆之施政綱領「一曰增進宗族互信，二曰保障信教自由，三曰綏定地方以安民居，四曰維持幣信以利民生」。〔註79〕

吳忠信主持蒙藏委員會多年，對邊疆民情多有瞭解。對於新疆民族、宗教上層人士的作用有著深切的體會。要想安定新疆，就必須先行解決在民族宗教界存在的不安定因素，彌合盛世才時代的陰影。因此對於盛世才時期關押的民族宗教人士一概先行釋放，或給予厚重之川資護送回原地，或親自慰問，委以重任，對於這些開釋人士在政治上、思想上、經濟上予以籠絡。對於其中的一些少數民族青年，吳忠信把他們開釋後送到中訓分團接受黨義訓練，然後充實到各縣政府機關，有的給予副縣長的重任。並且在宗教節日遍訪迪化大小清真寺，行伊斯蘭教禮拜。以新疆省政府名義花費鉅資，派遣民族宗教界人士赴內地遊覽，平時更是宴請不斷，封官許願，厚贈禮品，藉以增加雙方感情。

吳忠信在新疆的一系則民族政策很快地就起到了效果，在南疆「一片歌

〔註76〕《吳忠信日記》，新疆社會科學院歷史研究所圖書室藏，1944 年 8 月 22 日。
〔註77〕《吳忠信日記》，1944 年 8 月 22 日。
〔註78〕《吳忠信日記》，1944 年 11 月 17 日。
〔註79〕《吳忠信日記》，1944 年 10 月 10 日。

頌聲已傳遍於南疆各縣區村鎮矣」。〔註80〕「以往新疆王公、阿訇、喇嘛在宗教上之地位無所保障，今則一切均已走上理想境地」。〔註81〕當三區方面勢力進入南疆時，當地民族宗教上層人士決心要「誓死擁護政府」，〔註82〕「檢舉破壞地方治安之不法分子」。〔註83〕

　　應該說，吳忠信對於新疆的民族政策是行之有效的，但是由於其在新疆問題上並沒有認識到影響新疆安定的根源，其在新疆所推行的民族政策也只是治標難以治本。國民政府在新疆軍政問題上實行分治，從某種程度上說，加深了兩者之間的掣肘，而此又反過來影響到國民政府新疆民族政策的貫徹執行。之後隨著戰事的日益擴大，全疆經濟狀況亦日益惡化，而廣大下層民眾經濟狀況的惡化，又導致了民族政策的破產。國民政府亦意識到此一問題的嚴重性，因此不久就把吳忠信調離新疆，以張治中接替吳忠信在新疆的地位，實行軍政合一，以圖穩定新疆，以便集中全力進行國共之間對於政治權力的爭奪。

　　張治中蒞新之時，新疆局面已進一步惡化，原有的治新思路及策略已不能適應變化了的形勢。這是因為其所遇到的政治、經濟、社會及民族問題比前期更複雜和尖銳，吳忠信治新，原本著「安定」之原則，如若沒有外力之干擾，因該說還是適應了當時的社會環境之需要。但是，隨著三區方面戰事的擴大，已有局部問題演變成全域性問題，原有的羈縻求安方針已非合時宜。正是基於此種之考慮，國民政府方才改派張治中到新疆，力圖穩定新疆的局勢。

　　張治中主新後，也正是基於此項之原則，確定新疆之方針政策：首先是安定新疆，內部民族團結，本著民族平等的原則給新疆各民族以政治、經濟、文化之上的平等權利，藉以抵消外部力量的影響。張治中認為新疆境內的民族在蘇聯的五個加盟共和國中都有，這些民族的國籍不同，但他們的生活習慣、語言文字、宗教信仰無不相同。在蘇聯民族政策的影響之下，其勢必將影響到新疆的穩定，因此，他建議國民政府，承認以民族為本位的自治，按照各民族人口的分佈來劃定省內各個民族自治區。〔註84〕

〔註80〕《吳忠信日記》，新疆社會科學院歷史研究所圖書室藏，1945 年 4 月 4 日。
〔註81〕《吳忠信日記》，1945 年 7 月 30 日。
〔註82〕《吳忠信日記》，1945 年 9 月 29 日。
〔註83〕《吳忠信日記》，1945 年 7 月 30 日。
〔註84〕張治中：《張治中回憶錄》，北京：中國文史出版社，1985 年，第 442～444 頁。

其次，在新疆問題上採取積極與蘇聯合作，執行親蘇政策。對此他解釋到「我們必須和蘇聯保持親善的關係，使蘇聯在國防方面感到安全，在民族方面得到和睦，在經濟方面，保持平等互惠的關係，使雙方得到平等互惠的利益」，「我們能夠做到這點，才能確保新疆的和平，才能夠確保新疆的永久和平」。〔註85〕

張治中在新疆民族問題上，一再告誡國民黨官吏，要以利他、容忍、禮讓、肯對歷史負責、甘於替人受過、犧牲小我、成全大我的態度，對待新疆少數民族的過激行為。他認為歷史上「對新疆同胞所受的壓迫，我們應該給他們以莫大的同情，伸出親愛的手來幫助他們」，要求部下「把新疆各族人民看成是最親愛的兄弟姊妹一樣，他們是構成中國各民族之一的最優秀的民族」，在政治上強調各民族平等同時，1946 年 11 月 26 日又公佈了《新疆省各級行政機關任用當地民族公務人員辦法》，該辦法共十二條，自 1947 年 1 月 1 日開始實施。辦法規定：各級行政機關漢族與各族公務人員之比例，應於本辦法開始實施半年內，達到各占百分之五十之比率。半年以後，凡漢族公務人員出缺時應首先以各族人員遞補，至漢族公務人員占百分之三十、各族公務人員占百分之七十為止。

新疆聯合省政府成立之後，在其施政綱領之中對於新疆之民族問題有了更為詳盡的規定：各民族在政治上、經濟上、法律上、教育上一律平等。促進各族互相尊重，互相親善，互相扶助，實現精誠團結；發揚各民族固有之言語、音樂、戲劇、藝術及一切文化；尊重各民族之宗教信仰，並取締對於宗教之歧視；嚴格糾正及制裁挑撥民族感情，破壞民族團結及民族互相間之侮辱、輕視、仇視等言語行動；防止民族間之同化，取締破壞各民族風俗習慣，宗教信仰之行為，並特別扶助少數民族。在文化上發揚各民族固有文化、提倡民族文藝、音樂、舞蹈、繪畫及各種藝術。設立大規模之編譯機構，編譯及出版各民族文字之字典、辭典、文法、教材及各種自然科學、社會科學、文藝等名著；分期建築各種民族藝術館、歌劇院、音樂院。為了促進各民族文化的發展與交流，新疆省政府方面對於各種文化團體在經濟上給予一定的經濟援助。首先補助維吾爾族文化促進會一千萬元，哈薩克、柯爾克孜文化促進會六百萬元，漢族文化促進會、蒙族文化促進會、錫伯索倫文化促進會、回族文化促進會各三百萬元，塔塔爾、歸化族文化促進會各三百萬元。

〔註85〕 張治中：《我的真實的解答和嚴正的勸告》，《新疆日報》，1946 年 11 月 20 日。

　　客觀地評價張治中新疆民族政策，應該說，相對於吳忠信而言，其民族政策是積極的，是適應了當時國內、國際形勢及新疆局勢變化需要的。但是，隨著國共兩黨內戰的開始及相關力量的對比變化，以及蘇聯基於對戰後東北亞可能出現局勢的分析，新疆和平局面隨之又出現波折，此時張治中新疆民族政策及其治新方略受到了蘇聯及三區方面的極大挑戰，為了緩和局面，保留新疆之在中國之內，國民政府被迫在新疆政策上做出進一步退讓，讓新疆在一定範圍內實行所謂的「自治」。之後，新疆又進入了張治中主導之下的麥斯武德時期。

第四節　政策之餘音

一、新疆自治局面的出現

　　1945 年，張治中曾就新疆未來之問題向麥斯武德、艾沙、伊敏等人提出和平意見，並徵詢他們之觀點。麥斯武德等人認為當時伊犁叛亂並非蘇俄人侵之導致，而是民族自治訴求之表現，為此，他們提出以下幾條意見：

> 中央應認識新疆民眾是一種民族，中央要公佈國內各民族政治、經濟、言論、宗教及其他社會地位平等，根據總理遺訓給新疆高度自治，在新疆未實行高度自治前必須各機關按民族成分任用，中央取消內地派往新疆高級行政人員，應委派新疆人民以示平等。

〔註 86〕

在與三區方面的談判中，張治中也認識到宗族主義思想在新疆的問題，因之在後來的聯合政府施政綱領中重新提出：

> 各民族在政治上、經濟上、法律上、教育上一律平等，促進各民族互相尊重、互相扶助，實現精誠團結，發揚各民族固有之言語、音樂、戲劇、藝術及一切文化，尊重各民族之宗教信仰，並取締對於宗教之歧視，嚴格糾正並制裁挑撥民族感情、破壞民族團結及民族互相間之侮辱、輕視，仇視等言語行動，防止民族間之同化，取締破壞各民族風俗習慣，宗教信仰之行為，並特別扶助少數民族。

〔註 87〕

〔註 86〕 張大軍：《新疆風暴七十年》，臺北：蘭溪出版社，1980 年，第 6804 頁。
〔註 87〕 張大軍：《新疆風暴七十年》，臺北：蘭溪出版社，1980 年，第 6956 頁。

政治上，在確保新疆省政府在中央政府領導之下，保護全省和平，擁護國家統一，實行民主政治，政府給予新疆人民選舉彼等相信之當地人士為行政官吏之選舉權，由各縣人民選舉縣參議員，成立縣參議會，由縣參議會選舉縣長，各縣參議會成立後，依法選舉省參議員，成立省參議會，代表人民之公意，監督並協助省政府。〔註88〕

對於新省在民主選舉之上之進步，當時新疆社論指出：

人民自己選舉自治的官吏，及民意參政人員，這是現代民主的基本精神。〔註89〕

但是後來隨著國內外局勢的變化，張治中亦對未來新疆之自治問題進行了思考：

新疆的前途，不外有三條路可走，現在的路，就是新疆是中華民國的一個行省，將來憲法頒佈之後，是一個地方自治，也是民族自治的省份，第二條是成立所謂的「東土耳其斯坦伊斯蘭共和國」，第三條是成為蘇聯之一加盟共和國。然而第二條和第三條路是行不通的，就不得不走第一條路，這也是新疆最正大的路，最光明的路。〔註90〕

因此正是在此種主導思想之下，張治中向中央政府建議起用麥斯武德，藉以緩和各方面的矛盾，1947年5月21日，《國民政府公報》第2830號發佈國民政府命令：任命麥斯武德為新疆省政府委員兼主席，任命艾沙兼新疆省政府秘書長。

對於起用麥斯武德，張治中意欲利用他們的民族身份來抵制三區方面的政治影響，讓麥斯武德與親蘇的阿合買提江勢力相互衝突，藉以牽制、削弱伊犁方面的政治實力和宣傳攻勢。另外，亦可藉此示以自治，但是，麥斯武德上臺之後，重用大土耳其主義分子伊敏，讓三青團書記長艾沙任省政府秘書長，一大批土耳其主義分子擔任專員、縣長、會立學校和一些重點學校的校長，大張旗鼓地進行大土耳其主義的宣傳，使得張治中的治新方略受到極

〔註88〕 張治中：《張治中回憶錄》（下冊），北京：中國文史出版社，1985年，第437～438頁。

〔註89〕 張大軍：《新疆風暴七十年》，臺北：蘭溪出版社，1980年，第7148頁。

〔註90〕 張大軍：《新疆風暴七十年》，臺北：蘭溪出版社，1980年，第7313頁。

大的挑戰和破壞，並且影響到了新疆社會的穩定。對於麥斯武德的「高度自治」，張治中曾給其與艾沙去過私人信函，明確指出：

> 在三民主義的民族主義說，「高度自治」是許可的，要知道，所謂高度自治，不是一句空話，而是要有他的條件，有他的能力。

最後張治中再次向麥斯武德提出：

> 高度自治的問題，中央並非不能許可，但不是一句空話，而要徹底瞭解今天新疆本身的條件和能力，有沒有能夠維持高度自治的把握？〔註91〕

由於麥斯武德在自治問題上以及民族政策上與國民政府之主導思想相去甚遠，其政策完全背離了張治中起用其的初衷，並且也遭到新疆省內各方面勢力的反對。因之國民政府不得不撤換麥斯武德，任命包爾漢接任新疆省政府主席一職。

　　1949 年 1 月 9 日，包爾漢繼任新疆省政府主席，包爾漢執政時期，基本上承襲了張治中的政治方針，他在《告全疆民眾書》中宣稱：「本人代表中央政府，作為全疆人民的忠實公僕，本著中央意旨，在張長官領導之下，誓為執行和平條款，實行施政綱領而努力」。〔註92〕但是，在包爾漢執政之時，國民政府在大陸的統治業已接近尾聲，國內局勢的逆轉隨之也影響到新疆局勢的變化。聯合省政府又重新回到先前的軌道，這一時期新疆的主要政治鬥爭轉變成了和平與戰爭雙方的矛盾，隨著西北局勢的變化及國際局勢的影響，新疆最終走上了和平解放的道路，進入了一個新的時期。

二、內蒙古自治政府的形成

　　1945 年 8 月 18 日，德王由張家口給蔣介石致電，祝賀抗戰勝利，並請示對蒙古問題解決之方案。同年 9 月 25 日，其復向蔣辦主任熊斌提呈《陳述蒙古危機狀及擬具措置辦法三項》，提出由中央發表准許內蒙高度自治之德意，並特派官員組織蒙古高度自治籌備委員會。〔註93〕10 月 2 日，內政部、軍令

〔註91〕 張治中：《張治中回憶錄》，北京：中國文史出版社，1985 年，第 573～576 頁。

〔註92〕 包爾漢：《新疆五十年》，北京：文史資料出版社，1984 年，第 336 頁。

〔註93〕 《蔣介石為商研德王陳述內蒙危急狀態及擬具措置辦法與蒙藏委員會等往來電呈》，《中華民國史檔案資料彙編第五輯第三編政治（五）》，南京：江蘇古籍出版社，1999 年，第 87 頁。

部、蒙藏委員會會商後提出蒙古問題解決方案：由中央再為發表准許內蒙高度自治並派員組織內蒙自治籌備委員會。本黨政綱、政策關於實現蒙藏各民族高度自治案，前經蒙藏委員會擬具「邊疆各蒙旗地方自治方案」，並由內政部召集各有關機關會商後呈請行政院核辦在案，（德王）所請組織內蒙高度自治籌備委員會，毋庸再議。〔註94〕軍政部亦認為「德王領導蒙政，則我內政必多事矣」。〔註95〕德王在南京活動無果而終，只得再次回到北平。由蒙藏委員會請准「每月給以生活費五十萬元，留住北平前偽蒙古自治邦駐平辦事處原房舍內，令北平行營及軍統局嚴密監護」。〔註96〕1949 年 1 月 1 日，北平和平解放，德王被迫攜眾南下。

　　1948 年 1 月 11 日，卓索圖盟政府致電蒙藏委員會，要求請速頒蒙古自治方案。1948 年 4 月 20 日，伊克昭盟等聯名致電蒙藏委員會，請求維持原有行政制度實行自治。1949 年 2 月 23 日，蒙古各盟旗聯合駐京辦事處請求謁見政府首長，陳請蒙情及蒙古自治方案。1949 年 4 月 19 日，內蒙各盟旗代表大會致電蒙藏委員會及代總統、行政院，電告內蒙自治籌備會成立及人選。

　　內蒙自治籌備委員會成立後，4 月 20 日、28 日張治中迭次電告蒙藏委員會，請示相關機宜；國民黨寧夏省執委會亦於 5 月 6 日向蒙藏委員會抄送內蒙各盟旗代表會議紀要一函。實際上早在德王逗留蘭州之時，業已與西北軍政各方相互通融自治相關事宜，當時外蒙、東蒙方面實際亦為蘇聯、中共方面控制，已經脫離中央，東北華北相繼丟失，為了籠絡民心，抵禦中共方面，國民政府被迫默認和支持德王在西蒙地區的自治運動。1949 年 5 月 24 日，蒙藏委員會請中央嘉慰德王自治用意及給予回蒙旅費，德王亦通過蒙藏委員會向國民政府呈上蒙古自治綱領電。國民政府方面撥給德王步槍 200 支，彈藥 4 萬發，手槍 50 支，彈藥 2500 粒，現洋 1 萬元，支持西蒙自治運動。〔註97〕6

〔註94〕　《蔣介石為商研德王陳述內蒙危急狀態及擬具措置辦法與蒙藏委員會等往來
　　　　　電呈》，《中華民國史檔案資料彙編第五輯第三編政治（五）》，南京：江蘇古
　　　　　籍出版社，1999 年，第 88 頁。
〔註95〕　《軍政部關於德王不宜領導蒙政電》，《中華民國史檔案資料彙編第五輯第三
　　　　　編政治（五）》，南京：江蘇古籍出版社，1999 年，第 89 頁。
〔註96〕　《蒙藏委員會為德王返回北平後擬具善後安置辦法致蔣介石密呈稿》，《中華
　　　　　民國史檔案資料彙編第五輯第三編政治（五）》，南京：江蘇古籍出版社，1999
　　　　　年，第 90 頁。
〔註97〕　《德王等因領有武器返蒙需大型飛機一架呈》，《中華民國史檔案資料彙編第

月 30 日，行政院再次撥給德王經費 1 萬元，〔註98〕直到 1949 年 6 月 30 日，行政院方頒佈准予成立內蒙自治籌備委員會。1949 年 7 月 20 日，內蒙自治籌備委員會在定遠營召開，由於時間緊迫，路途遙遠，行政院作出不派代表參加的指令。

1949 年 8 月 10 日，德王領導下的蒙古人民代表大會電呈蒙藏委員會、李宗仁及行政院，宣告依據孫中山先生「對於國內弱小民族，政府當扶植之，使之能自治自決」，實行民族自治，通過蒙古自治法，成立蒙古自治政府，宣稱外交、國防由中央政府處理，其他各項行政，由蒙古自治政府處理之。〔註99〕

蒙古自治政府成立前後，西北地區政治局勢發生了重大變化，隨著西北解放戰爭的進行，甘寧青地區相繼解放，達理札雅等愛國蒙古王公退出了所謂的蒙古自治政府。德王主導下的西蒙自治運動最終宣告破產。

縱觀此一階段之民族自治運動，國民政府更多的出於國內政治鬥爭的需要，是其政治、經濟、軍事方面失敗之後的無奈選擇。而西北地區的民族勢力，亦是借助於國民政府政治軍事失敗，無法西顧並且在西北諸多方面還要對其有所依助，借用民國政府扶助弱小民族之政策，掀起的所謂高度自治運動，雖然說，其在理論上還保留在中華民國之內，但在實際上業已呈現出了民族分裂的傾向，只不過是由於解放戰爭的迅速推進，壓擠了其存在的空間，並最終使得其歸於失敗。

五輯第三編政治（五）》，南京：江蘇古籍出版社，1999 年，第 109 頁。

〔註98〕《行政院關於德王等請補助內蒙自治經費電》，《中華民國史檔案資料彙編第五輯第三編政治（五）》，南京：江蘇古籍出版社，1999 年，第 110 頁。

〔註99〕《蒙古人民代表大會決議成立蒙古自治政府情形電》，《中華民國史檔案資料彙編第五輯第三編政治（五）》，南京：江蘇古籍出版社，1999 年，第 113～116 頁。

第十章　民國西北民族地區之狀況

　　民國政府西北民族政策制定之後，雖則受國內外諸多方面因素的制約，未能得到很好的實施，但隨著民國政治之逐步入軌，其治理西北民族地區之理念與政策還是在一定程度上得以落實，並對於民國時期西北邊疆地區民族政治、民族經濟、民族教育、民族文化的發展產生了深刻的影響。

第一節　民國時期之西北宗教

一、西北地區宗教之概況

　　伊斯蘭教。現代中國信仰伊斯蘭教的少數民族包括回、維吾爾、哈薩克、柯爾克孜、烏孜別克、塔塔爾、東鄉、保安、撒拉等 10 個民族，而這些民族又大多分佈在西北甘肅、寧夏、青海、新疆四省。由於伊斯蘭教有著統一的教義，嚴密的組織、規範的教儀，故各個信教民族在基本信仰、主要儀規方面是大致一致的，因而使這些民族在文化上表現出很大的共同性。但是各個民族生活的具體環境不同，接受伊斯蘭教的時間有先後，因此，這些少數民族在基本信仰統一的大前提下，在宗教制度和活動方面又都帶有本民族特色。

　　在西北地區伊斯蘭教發展過程中，由於在傳播過程中地域環境及文化氛圍的不同，伊斯蘭教逐漸分化成了不同的教派。如我國回族的伊斯蘭教本來都屬於「格底木」派，後來分化出「三大學派」、「四大教派」以及大大小小的 「教派」，同樣在維吾爾族穆斯林中，歷史上就存在著白山派、黑山派等不同教派之分。從教派上說，主要有遜尼派、蘇菲派、什葉派、依黑瓦尼派。

遜尼派是新疆信徒最多、分佈最廣的教派。什葉派爲塔吉克族所奉信，是什葉派中伊斯瑪儀派的支派霍加派，首領稱「阿迦汗」，被尊爲人間「活主」。蘇菲派的依禪派在新疆的影響僅次於遜尼派，首領自稱「聖裔」，受到狂熱的崇拜，其支派主要有：納克什班第、哲赫林耶（黑山派）、虎非耶（白山派）、切西底耶、蘇赫爾瓦地耶、毛萊威耶等，都主張苦行禁欲，宣揚對眞主的神秘之愛，通過修煉，達到「神人合一」。在新疆回族中，遜尼派稱爲「格底木」，亦稱「老教」、「清眞古教」、「遵古教」；回族中的蘇菲派則分爲哲赫林耶、虎非耶、嘎德林耶、庫不林耶，與甘肅寧夏同；虎非耶也被視爲老教，與「格底木」一起，被稱爲「大坊」，哲赫林耶則是「小坊」，稱新教。依黑瓦尼派即新新教亦傳入新疆，其時較晚。其教派總的情況自清末到民國沒有根本性變化。

由於回、維等民族幾乎全民信教，伊斯蘭教對這些民族的政治、經濟、文化乃至習俗都產生了極爲深刻的影響。如歷史上建立的一些地方政權，奉伊斯蘭教爲官方宗教，以高級阿訇爲官吏，宗教組織發揮了政權組織的某些職能。在經濟上，其「天課」具有地方政權稅收的功能。在一些少數民族聚居區，伊斯蘭教是社會上唯一的意識形態，清眞寺與各派宗教組織，將人民的生老病死，婚喪嫁娶、年節吉慶統統籠罩在其中。伊斯蘭教已經與這些民族的發展緊密結合在一起，成爲民族文化的有機組成部分。

二十世紀三十年代末期，西北地區穆斯林人口已達到九百萬左右，其中青海約二十萬，寧夏二十萬，甘肅四百萬，在全疆，穆斯林人口約占全部人口的 2／3 以上。新疆與內地間隔較遠，交通不便，內地乃至西北甘青的伊斯蘭新文化運動及政治變革對它的影響不直接、不強烈，形成宗教上的相對獨立狀態；新疆又處在祖國西北邊陲，與中亞接壤，西方列強得以利用民族與宗教問題從境外向新疆擴張滲透，形成內外矛盾複雜交錯的態勢，使新疆的宗教問題成爲邊政的重要組成部分。

藏傳佛教之分佈，在民國時期主要有甘邊、青海、新疆諸地，信仰藏傳佛教的民族在民國時期的西北地區主要有藏族、蒙古族，其分佈格局相對也比較集中，和伊斯蘭教在西北的情況一樣，也爲蒙藏民族的全民宗教信仰。由於歷史之原因在蒙藏民族地區，一些寺院的活佛高僧在有些地方也同時兼理地方世俗事務。

二、民國政府之西北宗教政策

中華民國成立之後，在《臨時約法》中規定「中華民國人民……無種族階級宗教之區別」「人民有信教之自由」。〔註1〕「蓋信教自由，爲中外憲法所共許」，對於回教聯合會的成立，內務部的官員言道，「該回民組織聯合會，以維持宗教、聯絡聲氣爲目的，以組織團體不背馳共和爲宗旨」，並進一步希望該會「仰體斯意，努力進行，廣揚教旨」，「於共和國實有裨益，本部有厚望焉」。〔註2〕

（一）佛教政策

中華民國政府成立之後，一些佛教人士就在上海組織「中國佛教會」，並謁見臨時大總統孫中山，得到政府的認可。1912年4月，中國佛教總會於上海留雲寺成立，提出了「保護寺產、振興佛教」的口號，並得到南京臨時政府的同意，下設20個省支部和400餘個縣支部。袁世凱上臺以後，一些軍閥、政客繼續侵奪寺產，毀壞佛像。北洋政府於1913年6月頒佈《寺產管理暫行規劃》，明令寺產不得變賣、抵押、贈與或強佔，寺院經濟得到了保護。

在西北地區蒙藏民眾中信仰的主要是藏傳佛教。清朝時期，對於一些有傳統社會地位和影響的喇嘛，政府給予封襲、制定等級、賜予名號，使其在政府控制之下享有一定的社會地位和行政統治權力，免除喇嘛的差役、賦稅，對於國家編制之內的喇嘛，給予優厚的物質待遇，並由國家出資建造了一批喇嘛廟。在優撫同時，建立中央統管喇嘛教事務機構，採取眾封廣建，限制寺廟規模，控制寺院經濟，掌握對喇嘛的選任、廢黜，在一定層面上有進一步限制和削弱宗教勢力對國家及民眾的影響。

但是在南京國民政府成立之前，對於西北地區的宗教事務，並沒由實際上控制。各民族的宗教事務大多有地方解決，中央政府基本上不予置理，對於地方的處理方案，中央亦只是照章畫押而已。因此對於這一時期民國政府的宗教政策，還要從地方的政治措施入手進行分析。南京政府時期，中央政府逐步地控制了甘肅、新疆，並且進一步地把觸角延伸到青海、寧夏地區，隨著中央實力的增加，對地方的控制也比前期有所加強。因之，這一時期的

〔註1〕《中華民國臨時約法》，《中華民國史檔案資料彙編（第二輯）》，南京：江蘇古籍出版社，1991年，第106～107頁。

〔註2〕《關於金峙生等組織回族聯合會請求立案的批稿》，《中華民國史檔案資料彙編（第二輯）》，南京：江蘇古籍出版社，1991年，第27頁。

宗教政策在前期的羈縻之上，更多的是融入了控制的因素。

西北地區信仰藏傳佛教的民族主要有藏族、蒙古族、裕固族、土族、錫伯族，進入近代以後，在這些地區傳播的藏傳佛教得到了進一步的發展。據民國時期的統計資料顯示，民國時期，甘肅共有藏傳佛教寺院 369 座，喇嘛16934 人；青海地區共有大小佛教寺院 650 多座，宗教職業者 56000 多人；〔註 3〕阿拉善旗大的寺廟就有 23 座，寺廟喇嘛多達萬餘，常住寺院者亦有4300 餘人。〔註 4〕

對於西北蒙古族民眾信仰的藏傳佛教，出於當時的政治環境及安撫蒙古諸部之關係，1912 年 8 月，袁世凱頒佈的《蒙古待遇條例》中規定「蒙古各地胡土克圖、喇嘛等原有之封號，概仍其舊等」。1924 年，民國政府通過了《限制蒙人充當喇嘛案》，取消了抽丁當喇嘛的舊法。1931 年國民政府公佈《蒙古喇嘛寺廟監督條例》，對於喇嘛寺院的事務、財產等做了明確規定。1936 年，國民政府又公佈了《喇嘛教轉世辦法》，並在西北的蒙藏地區開始推行政教分離。

爲了加強對西北蒙藏地區的藏傳佛教宗教事務管理，國民政府成立之後，隨之制定了一系列的政策措施。首先，在 1929 年制定了《蒙藏委員會施政綱領及進行程序》，詳細規定了對藏傳佛教問題的政策及具體工作規劃；1932 年，立法院又通過了《蒙古喇嘛寺廟監督條例》18 條，規定了對藏傳佛教寺廟的監督、管理方針政策；1932 年 6 月 25 日，頒佈《喇嘛登記規則》25條，加強對各階層喇嘛的登記管理；1934 年，仿照康熙年間的《年班洞禮制度》，制定《邊境宗教領袖來京展觀辦法》，規定邊境地區的宗教上層人物，按期分批進京展觀；1936 年，行政院公佈《喇嘛教轉世辦法》13 條，基本承襲了清朝的《金瓶金瓶摯簽法》中有關蒙藏大活佛轉世的辦法。

對於西北地區的藏傳佛教，由於歷史上形成之原因，其宗教領袖同時亦爲地方行政機構的首領，因此，對於這些宗教上層人物，民國政府均授予各種頭銜，以示優撫羈縻。

1912 年，袁世凱加封加封華熱土觀七世·噶桑丹卻尼瑪爲「圓覺妙智靜修禪師」，1913 年加封那木喀呼圖克圖以「般若圓修」名號，1914 年加封第四世嘉木樣爲「廣濟靜覺妙嚴禪師嘉木樣沙特巴呼圖克圖」名號，1934 年國

〔註 3〕陳光國：《青海藏族史》，西寧：青海人民出版社，1997 年，第 552 頁。
〔註 4〕《陣中日報》，1945 年 2 月 3～4 日。

民政府頒賜五世嘉木樣「輔國闡化禪師嘉木樣呼圖克圖」冊印，1937 年，國民政府加贈嘉木樣五世以「輔國闡化正覺禪師」稱號。〔註5〕與此同時，甘肅省政府聘請五世嘉木樣爲省政府顧問，阿芒蒼活佛爲夏河地區國大代表，馬全仁爲卓尼國大代表，黃正清、楊復興、楊世傑爲藏族國大代表，在整個藏區，凡是擁護共和之民族宗教界上層人物，被封爲呼圖克圖的有 83 人。

（二）伊斯蘭教政策

在西北地區主要活動著諸馬軍閥，他們雖然屬於不同的派系，但都有一個共同的特點：那就是信奉伊斯蘭教，都對於伊斯蘭教有著深厚的宗教情結。從高級將領到普通士兵，從政府要員到基層民眾，共同的宗教信仰是諸馬軍閥的一個基本特徵。因之對於宗教政策，其基本上都持積極態度。

1920 年，馬麒將馬果園搶回青海，在西寧東關清眞寺成立「寧海回教促進會」，把該寺改爲「海乙」寺，成爲青海各清眞寺的總寺。後來馬步芳利用伊赫瓦尼培養的「新十大阿訇」，以「寧海回教促進會」的名義，向其他清眞寺派去開學阿訇，強行推行伊赫瓦尼，排擠其他教派，甚至暗中支持軍隊與馬安良一派進行武裝械鬥，最終取得了青海境內的全部教權。到了馬步芳控制青海時期，繼續用宗教作爲政權鞏固的一項重要措施，把伊赫瓦尼奉爲青海信仰伊斯蘭教民族的宗教，武力壓制其他教派，強迫他們改信伊赫瓦尼。在青海各寺中安排新教阿訇主持教務，進一步提高新教的社會地位，在當時的馬家軍中，凡是回族、撒拉族的軍官，基本上都是新教的信徒。在青馬集團的支持之下，伊赫瓦尼在甘寧青地區得到了迅速發展。在青馬集團控制之下的青海地區，一些軍隊將領及政府官員有的同時身兼二職，即爲世俗社會的官員，同時又爲教派的宗教領袖。繼馬果園之後的馬祐、馬步豐，就同時兼任政府參議和青海南部邊區警備司令部諮議。這些宗教的上層人物往往利用自己的特殊身份介入到社會政治、經濟、軍事活動之中，借其進行宗教事業，而對於當權者青馬來說，其也恰好借助於宗教方面的力量來維護自己的統治。

同樣的情形也存在於寧夏地區。1914 年，馬福祥出任寧夏鎮總兵，一開始就藉重伊赫瓦尼的社會影響來培植自己的勢力，伊赫瓦尼在寧夏官方的扶植之下有了長足的發展。1925 年，馬鴻逵掌握寧夏政權以後，開始傚仿馬步芳在青海的手法，全面推行伊赫瓦尼。中國回教救國協會寧夏分會成立以後，

〔註 5〕洲塔、喬高才讓：《甘肅藏族通史》，西寧：青海人民出版社，2004 年，第 452 頁。

馬鴻逵把其作爲伊赫瓦尼的基地，籌集大量教育基金，幫助伊赫瓦尼創辦了二十多所中高級中阿學校，邀請國內著名阿訇講經著述，並且選派該教阿訇充任境內主要清眞寺大教長，使得伊斯蘭教成爲其統治寧夏，控制人民的精神武器。

民國年間，統治新疆時間的先後有楊增新、金樹仁、盛世才以及後來進入的南京國民政府。因之在不同時期，隨著執政者對民族宗教政策理解的不同以及國內外政治形勢的轉變其宗教政策呈現出不同的特點。

新疆地處歐亞大陸腹地，歷來爲東西方文化交匯之地，自古就是一個多民族聚居區，同時也是一個多元文化、多種宗教並存的地方。歷史上的佛教、拜火教、基督教、伊斯蘭教先後在這一片土地上興衰更替，作爲新疆全民性的宗教伊斯蘭教爲維吾爾、哈薩克、回、烏茲別克、柯爾克孜、塔塔爾、塔吉克、東鄉、撒拉、保安等十幾個民族所信仰。歷史上，新疆的宗教問題總是和民族問題交織在一起，關係到新疆社會穩定、經濟發展、民族團結和祖國統一等諸多方面的問題。在楊增新統治時期其所實行的較爲寬鬆的宗教政策，利用各民族利益的不同分而治之，相對維護了新疆十幾年的穩定。到了金樹仁時期，情況已經發生了變化，如果仍舊承襲楊的老套路，勢必會在宗教問題上造成很多社會問題。雖然金樹仁上臺以後，對外宣稱服從民國，實行三民主義，但實際上，對於各個民族還是嚴加防範的。爲了防止外部勢力對新疆的滲透，金樹仁發佈禁令，不准穆斯林朝覲，他認爲「朝覲一事，流弊甚大」，若「一經開放朝覲」，則「纏回人民成千累萬群相爭赴，近朱必赤，近墨必黑，將來惡風傳染，必生出極大變化，影響地方治安」。〔註 6〕同時密令烏什縣縣長對各寺阿訇的選任應就地公舉，不准聘請外人充當阿訇，以免疏虞。〔註7〕在省內各要害部門，也很少任用各少數民族，尤其是信仰伊斯蘭教的民族人士。

對於外國傳教士傳播天主教、基督教，金樹仁於 1930 年 1 月訓令外交署及各行政區、縣，根據國民政府行政院的指示，由各處核查外國教會租用土地房屋等事項。〔註8〕1931 年，迪化基督教堂向各區縣寄送維文、哈文傳教書

〔註 6〕 新疆社會科學院宗教研究所編寫組：《中國新疆地區伊斯蘭教史》，烏魯木齊：新疆人民出版社，2000 年，第 297 頁。

〔註 7〕 金樹仁：《致烏什縣張縣長密令》，1929 年 7 月，新疆檔案館藏，政 2-2-989。

〔註 8〕 金樹仁：《新疆省政府訓令》，1930 年 1 月，新疆檔案館藏，外 1-2-438。

籍，宣傳基督教義，攻擊伊斯蘭教，鼓動人們信仰基督教。金樹仁聞訊後，迅速向各區縣做出指示，「（新疆）俱係回教教民，而其教民又好起教爭，老教與新教爭鬥，又與新新教鬥，以一聖相傳之教，於一種相承之教，尚且因爭教而時起衝突。今福音堂欲以耶教煽惑回教，使之逃墨歸楊，將來爭教隱患正未堪以設想」，並「密令該行政長飭所屬各福音堂暨外國人設學堂之各縣，其教師之授受暨教徒之傳播如有犯上項煽惑引誘各情，立即嚴行查禁。並密論各阿訇一體嚴爲防範，期彌隱患而報治安」。〔註9〕金樹仁在甘肅時期就跟隨楊增新，因此對於教爭有比較深刻的認識。因而，他仍舊沿襲楊增新時期政策，嚴禁甘肅、青海等地的阿訇到新疆傳教，尤其是民國初年就曾來到新疆的新新教。並且不准再建立清眞寺，甚而連遷移清眞寺也遭到禁止。

在金樹仁時期，由於「改土歸流」的措施上處置不當，激化了社會矛盾，引起哈密民變，並擴大到全疆，而起義領導權落到封建領主、上層宗教人物、泛土耳其、泛伊斯蘭主義者手裏，之後在喀什、和田出現了封建割據的伊斯蘭政權。1932 年和田建立「伊斯蘭王國」。1933 年又有「東土耳其斯坦伊斯蘭共和國」出現。因之，從某種意義上說，金樹仁在新疆的宗教政策存在著諸多問題。而這些遺留問題，一直延續到盛世才統治時期。

盛世才上臺之後，借助蘇方力量消滅各割據政權，鎮壓了農民起義，重新恢復了新疆的和平統一。他宣佈「各民族一律平等」、「保障信教自由」、「保護王公、阿訇、喇嘛、活佛的地位及其權力」。事實上，他實行獨裁統治，對宗教的「保障」是有限的，而干預和迫害卻時常發生。四一二政變盛世才上臺之後，提出保障宗教信仰自由、阿訇以及喇嘛的權利和地位。盛世才在其宗教政策中宣稱「在經濟文化越落後的區域，宗教信仰之普遍，自有其客觀的社會根據，不是可以任憑主觀而漫然加以限制的。在這個社會內的民眾們對於宗教信仰是十分重要的。現在我們就是要保護王公、阿訇、佛爺。喇嘛的地位和權利，就是保障信教自由。所以凡籍隸中華民國的民族，不論信仰任何宗教，皆聽其絕對自由，不但不加絲毫的限制，而且保障各民族均有信教自由的權利」。〔註10〕但是我們不能忽視的是盛世才的八大宣言、六大政策都明顯的帶有蘇聯的影子，因此其宗教政策或多或少的受到蘇聯民族宗教政

〔註 9〕 金樹仁：《令塔城、伊犁、和田、迪化、喀什、阿山各行政長密令》，1931 年，
　　　　新疆檔案館藏，政 2-2-1025。
〔註10〕 盛世才：《政府目前主要任務》第 1 部，新疆民眾反帝會，1941 年，第 4 頁。

策的影響。因而盛世才穩定政權以後，逐次的把一批阿訇毛拉王公喇嘛投入到監獄中。沒收經卷，限制教授宗教課程，沒收教堂及一些宗教人士的財產。在盛世才宗教政策之下，一大批宗教人士：迪化的阿布拉哈克大阿訇、蒙族的夏律瓦活佛等先後被收監致死，其他宗教人士更是數不勝數。

南京政府時期的新疆伊斯蘭教政策，其具體表現用鄧翔海的闡述就是「天理」。「我國西北各省，大半是宗教的世界，歷代在西北的主政者大都著眼於此，可說是不能掌握宗教，便不能控制西北，尤其是在新疆更應該如此。新疆十四種民族，除少數漢人無堅定的宗教信仰外，其中回教民族占全省人口在百分之八十以上，他們信仰回教，特別虔誠而堅定……吳氏提出『天理『兩個字即是正式表示『尊重宗教『之意」。〔註11〕針對當時新疆特別是北疆民族主義的復興，民族殺戮的擴大，吳忠信認為根源乃在於宗教上的問題。因此他在宗教信仰自由之中講到：

「宗教信仰自由原為人類精神上必要的寄託，其本身自有決定之理。現代世界各國，對於信教自由，多有規定，而我中華民國訓政時期的約法及憲法草案中，已經定有明文。新疆各宗族同胞，信仰伊斯蘭教、佛教、基督教的各有不同，本主席當不分軒輊，一律予以保障，並隨時協助其發展。對於各宗教的寺廟、禮拜堂等等，亦都盡力保護，嚴禁侵擾」。〔註12〕「安定西北，重在政治與宗教之運用，而宗教尤為重要。西北以回教為中心，如能掌握回教，則西北可定」。〔註13〕為了籠絡宗教上層人物，他「日與所謂『年高德劭『的阿訇們宴會往來」，〔註14〕並宣稱「本人絕對尊重宗教，不僅消極地不加干涉阻撓，而且還要積極地加以提倡和保護」。〔註15〕吳忠信在庫爾班節、肉孜節遍訪迪化大小幾十個清真寺坊，行伊斯蘭教禮拜，以博取穆斯林宗教上的支持。同時，他廣施恩惠，不惜鉅資，派遣各族各界有名望人士去內地和重慶參觀遊覽，向蔣介石引見。平日更是宴請不斷，封官許願，厚贈禮品、金錢、古蘭經、藏香等，藉此以聯絡宗教人士，以實現其所謂的宗教信仰自由政策。吳忠信的宗教政策使得這些宗教人士「由飲泣屈伏而吐氣抬頭」，〔註16〕使得

〔註11〕鄧翔海：《天山回憶》，1956 年 1 月《主義與國策》半月刊。
〔註12〕1944 年 10 月 10 日國慶日，告新疆全體民眾書。
〔註13〕吳忠信：《主新日記》，新疆社會科學院歷史研究所圖書室藏，1945 年 5 月 3 日。
〔註14〕陳力：《伊寧事變紀略》，南京：正中書局，1948 年，第 10 頁。
〔註15〕吳忠信：《主新日記》，1945 年 9 月 29 日。
〔註16〕吳忠信：《主新日記》，1945 年 6 月 25 日。

「以往新疆王公、阿訇、喇嘛在宗教上之地位無所保障」而變為「今則一切均走上理想境地」。〔註17〕

1946 年 3 月，張治中主新以後，隨即著手制定出一系列的方針政策，其在宗教問題上也相應的採取了一定措施。

1946 年 5 月 8 日，其在《告全省同胞書》中提出「加強民族團結，尊重宗教信仰」，與此同時，向駐新全軍發出《告全體將士書》，指出要尊重各民族的宗教風俗習慣，把尊重少數民族的宗教信仰作為其建設新疆的精神基礎之一。1946 年 8 月 3 日，新疆省政府明令「禁止回漢通婚」，對此，張治中在其回憶錄中認為：「新疆絕大多數是信奉伊斯蘭教的民族，按照他們的教規，他們的婦女是不能和非伊斯蘭教的人結婚的，但是過去常常出現非伊斯蘭教的漢人和伊斯蘭教的婦女通婚的事，歷來成為一個民族問題和社會問題，引起社會上民族間的不斷紛擾，非及時予以解決不可」。對於少數民族的宗教文化，1946 年 1 月 2 日的《和平條款》第二條規定「政府取締對於宗教之歧視，並予人民以信仰宗教之完全自由」。對於伊斯蘭教與世俗社會事務，在《新疆省政府綱領》第三條規定「禁止任何機關及宗教團體對人民施以體罰」，在民族一章中明確規定「尊重各民族之宗教信仰，並取締對於宗教之歧視」「防止民族間之同化，取締破壞各民族風俗習慣、宗教信仰之行為」。

因此，國民政府在對西北地區加強管理的同時，在政治、經濟等各個方面也給予宗教人士一定的優待，使其成為維護地方穩定、國家統一的有力工具。

第二節　西北民族之文化教育

一、國民政府的西北民族教育政策

西北邊疆地區，語言文字風俗習慣與內地有著很大的不同，而其地又關係著國家之安全穩定，因此其教育方針政策與內地又有著很大的不同，為此民國政府成立之初就制定了相應的教育方針計劃。

民國時期，先後頒佈了一批關於蒙藏回等民族的教育文件，制定了一系則的法律法規，對於在民族地區的教育行政、教育經費、教育宗旨、教育內容、

〔註17〕吳忠信：《主新日記》，1945 年 7 月 30 日。

民族師資培訓、民族文化等各個方面都做了詳細的規定，並且也取得了一定的成效，關於這方面的研究，前人業已做了大量的研究，並且取得了一定的成果。但是前人之研究多從民國政府邊疆總體入手，針對其民族教育在西北地區的執行以及西北地區本身的民族教育概況研究的還不爲充分。因此，本文在此從細微方面入手，力圖完整地揭示民國時期西北民族教育的具體情況。

1929 年 6 月，國民黨第三屆中央執行委員會第二次全體會議通過《關於蒙藏之決議案》，提出設立蒙藏學校，選送蒙藏各地優秀青年應試入學，1930年，國民政府第二次全國教育會議通過《蒙藏教育實施計劃》，對於發展蒙藏各級各類教育、入學學齡兒童、酌設學校數目都做了詳細規定。

對於民族教育之宗旨，1929 年 3 月，國民黨第三次全國代表大會討論通過三民主義教育宗旨及其實施方針。之後，1931 年 4 月，國民黨第三屆中央執行委員會第十七次常務會議又通過了《三民主義教育實施原則》，爲邊疆地區民族教育規定了明確的方向和目的，使得三民主義教育實施方針開始在民族地區教育中得到具體的貫徹執行。爲了進一步貫徹三民主義的教育宗旨及實施方針，發展邊疆地區的民族教育，1939 年 4 月，國民政府第三次教育會議通過《推進邊疆教育方案》，對培養邊疆教育師資、編譯邊疆教科圖書、推進邊疆學校教育和社會教育、確立邊疆勸學制度等做了明確規定。1941 年 11月，國民政府行政院又公佈了《邊地青年教育及人事行政實施綱領》，對實施邊疆民族教育的範圍做了進一步的補充規定，要求先從邊疆民族地區調查研究入手，宣傳勸學工作，之後再舉辦各種教育事業，把邊疆民族教育分爲初等教育、中等教育、高等教育、社會教育、補習教育、特種教育六類。

在行政上，國民政府教育部於 1930 年成立了蒙藏教育司，具體處理蒙藏地區民族教育及其他邊疆教育事項。之後，西北各地民族教育開始有所發展，甘肅在省教育廳內設立民族教育專科，寧夏省教育廳設有專股，青海也設有辦理民族教育的專員。但是由於各少數民族地區位處邊疆，爲了有效的督促指導這些地區的民族教育，1940 年，國民政府公佈《邊遠區域教育督導員暫行辦法》，要求在各民族地區設置督導員，以便督察指導學務。1941 年，又公佈了《邊遠區域教育督導員辦事細則》，把全國分爲四區：

第一區（回民區），包括甘、新、寧、青等省回教徒聚居區域教育；第二區（蒙民區），包括察、綏、青、新等省境內的各蒙旗教育；第三（藏民區），包括康、藏、青海南部、四川及雲南西北部邊地教育；第四區（西南區），包

括滇、黔、桂等省及湘西、康寧屬、川西南邊地教育。〔註18〕

　　爲了促進民族地區教育發展，1929 年，甘肅省教育廳制定了《甘肅省督學規程補充辦法》，把民族教育工作列爲首位；寧夏方面也設置了邊疆教育視導員，並在阿拉善成立了視導區，具體指導阿旗民族教育工作。爲了宣傳邊疆民族教育法令，聯絡民族地區政教人士，募捐經費，興辦民族教育，1940年 7 月，國民政府公佈了《邊遠區域勸學暫行辦法》，規定民族地區各級教育機構要根據本地區實際情況，聘請當地熱心民族教育的人士擔任勸學員，勸導地方興辦教育。按照上述規定西北地區各縣教育局都聘請勸學員若干，還規定，旗、宗、縣主管教育的官員、寺廟主持、教主、土司以及地方文化團體興辦各項教育事業成績優異者，政府亦根據情況分等進行獎勵。1940 年，教育部成立邊疆教育委員會，同時公佈《邊疆教育委員會章程》，次年又爲各地方民族教育委員會制定了《各邊遠省份邊地教育委員會組織綱要》，要求各民族省區都要成立邊地教育委員會，委員由各省教育廳遴選有關邊疆民族教育人員，或熟悉民族教育的專家擔任。

　　在國民政府政策支持之下，一些民間社團組織紛紛成立，並積極投身到西北民族地區的教育發展中。1913 年，甘肅成立「蘭州回教勸學所」，附設高等小學一所，初等小學四所，它以興辦回族教育，提倡和督促回族子弟入學爲宗旨。1918 年，蘭州回教勸學所改爲「蘭州回教教育促進會」，1927 年，甘肅省政府命令蘭州回教教育促進會擴大爲甘肅全省回教教育促進會，並訂立章程，要求凡省內各回族聚居區的縣均設立分會，極大地促進了甘肅回族教育事業的發展。1947 年，促進會由馬步芳接辦，自任理事長，據不完全統計，民國時期，甘肅省回民教育促進會創辦學校 179 所，包括中小學學生在內共計 19565 人。〔註19〕

　　1922 年 5 月 27 日，經甘肅省教育廳批准，寧海回教教育促進會成立，隨後在西寧、大通、湟源、化隆、循化、樂都、貴德等縣設立清眞小學 7 所，所學課程除了伊斯蘭教教義與阿文外，文化課有國文、算術等。1929 年，該會更名爲「青海省回教教育促進會」，確立以「闡揚回教眞理，促進回民教育，灌輸三民主義及學識技能，令其從事各種職業，達到自立生活爲目的」。1932年，馬步芳又將該會改爲「青海省回教促進會」，自任會長，下設師範講習所

〔註18〕教育部蒙藏教育司：《邊疆教育概況》，1943 年，第 173 頁。
〔註19〕《甘肅省回教教育促進會寒假師資講習班結業紀念冊》，1949 年 1 月 22 日。

及中學校，截止到 1945 年，青海省各縣分會設立完全小學 86 所，初級小學，學生 10940 人。

　　1931 年，經國民政府蒙藏委員會批准，青海蒙藏文化促進會成立，以馬步芳為理事長，以「喚醒蒙藏同胞普及蒙藏教育，維繫蒙藏生存」為宗旨，利用中央撥款，在化隆、湟中、互助、樂都、門源等縣設立蒙藏小學 10 餘所。後來，馬步芳又在西寧設立蒙藏初級中學，並附設小學 1 所。但是其所需的教育款項、經費開支、學校設備、教師聘用、課程開設、圖書選用等多為馬步芳所掣肘，整個蒙藏教育舉步維艱。雖則如此，但是這一時期的蒙藏教育仍然取得了不小的成績。截止到 1943 年，青海各縣共設立蒙藏中心國民學校 11 所、蒙藏國民學校 44 所，並在玉樹成立了玉樹蒙藏簡易師範學校。

　　國民政府雖然說制定了一系列的促進民族地區教育發展的政策，但是由於民族地區財力拮据，實際上很多地方的民族教育並未能得到真正的落實執行。為此，國民政府在部分民族地區創辦了具有倡導示範性質的部屬「國立」小學。部屬小學分為實驗中心小學、普通小學和師範附屬小學三類。在西北地區設立的共有 3 所：甘肅敦煌試驗中心學校、青海三角城試驗中心學校、寧夏定遠營試驗中心學校。設立的部屬普通小學有：寧夏額濟納旗小學、青海柴達木小學和果洛小學，後又在康色爾和貢瑪倉各設果洛小學一分部和二分部。部屬師範附設小學有：國立西北師範、國立肅州師範、國立綏寧師範、國立西寧師範。截止到 1947 年，教育部在甘寧青民族地區共創辦直屬普通小學 3 所，附屬小學 7 所，共有學生 57 班，1191 人。〔註20〕

　　1928 年，國民黨第二屆中央執行委員會第四次會議提出「普及國民教育，提高民族智識」，並於 1930 年 4 月頒佈了《實施義務教育方案》要「使全國學齡兒童都受四年的義務教育」，1931 年，教育部公佈了《短期義務教育實施辦法》，要求各地擬定計劃，大力推行。1935 年，國民政府教育部又公佈了《實施義務教育暫行辦法大綱》，在全國推行第二期義務教育。為此，國民政府劃撥邊疆文化教育專款，從 1936 年起在甘肅臨夏、清水、海原等 10 個少數民族聚居區各設立回藏完全小學 1 所，共 44 個班級學生 637 人。〔註21〕1939 年，中央加大了對西北民族地區教育扶持力度，又分兩期在甘肅設立回藏單級小

〔註20〕教育部蒙藏教育司編：《邊疆教育概況》，1943 年，第 126 頁。
〔註21〕《甘肅近三十年教育史要》（初稿），第 138～139 頁，甘肅圖書館館藏，手抄本。

學 120 所，學生 6851 人。〔註 22〕在此形勢之下，一大批民族教育學校也紛紛湧現，為民國時期的西北民族教育注入了新的活力。在寧夏，1935 年，阿拉善旗在定遠營設立旗完全小學一所，實「蒙漢兼收，蒙漢文並授」，並在定遠營成立女子小學，由達王夫人親任校長。1940 年，教育部在定遠營設立定遠營試驗中心學校，1938 年，在額濟納設單級小學 1 所，1944 年又在哈拉罕廟設立額濟納旗完全小學一所。1940 年 8 月，寧夏開始推行國民教育制度，各回民小學一律改為中心學校或國民學校，寧夏的民族教育事業也同樣是在戰火中緩慢地得到了發展。在青海地區，為了切實改變青海民族教育的極端落後狀況，教育部頒佈了《推進蒙藏教育辦法》，每期徵收蒙藏學生 66 人，選送西寧學習，學校負責解決其食宿問題，學校經費完全由政府籌撥。但是由於青海財政困難，經費無法落實，學生也無法徵選。1940 年推行國民教育制度後，各民族小學分別改為中心國民學校和國民學校，截止 1945 年，青海蒙藏文化促進會所辦蒙藏中心國民學校 13 所，國民學校 48 所。

　　民族地區教育事業的發展，離不開一大批投身到民族教育的教師。為了解決邊疆民族地區教育中教師的缺乏，1936 年之後，國民政府教育部相繼頒佈了一系列有關民族師範教育的法律法規，使得邊疆民族地區的師範教育得到了較快的發展。1936 年，教育部在制定教育實施計劃時，把培養師資、擴充學校作為邊疆民族教育的發展重點，以解決民族地區的師資缺乏的困難。同時，又劃撥師資培訓專款，在甘、寧、青、新等省民族地區相繼設立了一批師範學校，並實行民族師範教育全額公費，經費完全由政府劃撥，對於推動西北地區的民族教育起到了很大的推動作用。1939 年，國民政府第三次全國教育會議通過《推行邊疆教育方案》，確定初等教育師資主要由教育部在適當的邊疆民族地區設立國立師範學校進行培養；中等教育師資，由教育部特設的師範院校，或指定的師範院校、中央政治學校附設邊疆學校及師範專科學校培養，重點加強民族歷史地理、民族語言文字、邊疆政策的教育以及自然科學、宗教知識的學習。1941 年，教育部公佈了《邊遠區域師範學校暫行辦法》，對學生進行中華民族意識教育，培養學生服務邊疆的志趣，以及自然科學、社會科學等方面的學習。同年，教育部又公佈了《邊地青年教育及人事行政實施綱領》，把全國邊疆民族地區劃分為 17 個示範區，在西北地區主要有西寧示範區、臨夏示範區、肅州示範區、綏蒙示範區、阿旗示範區、都

〔註 22〕教育部蒙藏教育司編：《邊疆教育概況》，1943 年，第 87 頁。

蘭示範區、玉樹示範區。這些國立師範學校的設立，在培養小學師資、輔導地方教育、實施邊疆民族教育以及推進社會教育方面發揮了極大的作用。

對於民國時期西北民族地區的職業教育，在此一時期也得到了發展。1937年，國民黨中央委員會通過《推進邊疆初級職業教育及衛生與消費合作事業辦法》，決定在甘肅、青海、寧夏等省區籌辦民族地區職業學校。1940年，國民政府教育部正式公佈了籌辦邊疆民族地區職業教育的法規《初級實用職業學校籌備計劃綱要》，對民族職業學校的辦學宗旨、學制、課程以及生活管理等都做了詳細明確的規定。1947年，教育部又公佈改善邊疆民族地區職業教育的補充規定，對於民族學生比例、訓練側重內容、指導學生邊疆就業、教育經費籌集等做了進一步補充。並在西北地區創辦了國立拉卜楞初級實用職業學校、國立青海初級實用職業學校、國立寧夏實用職業學校、國立拉卜楞青年喇嘛職業學校、國立玉樹學校。此外，教育部又於1942年在臨潭籌設1所國立臨潭初級實用職業學校，爲西北民族地區的經濟發展培養了一批實用人才。

在西北民族地區高等教育方面，1930年，國民政府制定了《蒙藏教育實施計劃》，要求全國各高等學校按照待遇蒙藏族學生章程規定，實行收錄蒙藏族學生入學，並要求在一些國立大學籌設蒙藏班或設立蒙藏維文學系及講座。1944年，教育部令中央大學和西北大學首創邊政學系，隸屬文學院和法學院，於同年秋季正式招生，規定邊政系學生享受師範生同等待遇，從此方有爲甘寧青新等西北各民族省區培養邊政和邊教的高等民族學科之設置。之後，西北大學邊政系成立，開始面向甘寧青新招生，課程設置從邊疆少數民族特殊的政治制度、社會、民族語言、歷史、地理、宗教等實際出發，並組織學生到西北地區實行民族政治、宗教教育等方面的綜合調查。1947年，蘭州大學又創辦了邊疆語文學系，下設蒙古、藏、維吾爾3個民族語文專業組。這些學校爲西北邊疆民族地區培養了一大批高級人才，爲以後邊疆的開發及民族教育的發展打下了基礎。

西北民族地區一則是多民族地區，再者也爲宗教信仰比較普遍的地區。在促進社會教育發展的同時，國民政府也同時注意到宗教教育的加強。1940年7月，教育部公佈《改進邊疆寺廟教育暫行辦法》，要求邊疆民族地區各喇嘛廟或清眞寺應視地方需要及寺廟經濟能力，附設民眾教育館、閱報室、民

眾學校及各種補習學校，舉辦通俗講演及識字活動等；還要求寺廟在舉行盛大典禮或法會時，與當地教育行政部門配合，舉行座談會、文物展覽會、放映電影或幻燈等。並在西北地區成立了寧夏阿訇教育國文講習所、青海喇嘛教義國文講習所、卓尼喇嘛教義國文講習所。

二、西北民族教育及其狀況

民國初年，北洋政府時期，邊疆民族教育雖然有所發展，但教育經費一直處於「無定制，無定額」的狀態，其經費來源有政府劃撥、學田學糧收入、官紳捐助、民間籌集等。直到 1935 年，中央政府才開始統一地有計劃的爲民族地區劃撥邊疆民族文化教育經費。最初採取由中央補助地方自籌的辦法，1939 年後，又改用「中央直轄政策」，由教育部選擇一定的少數民族聚居區，籌設直轄的國立小學、中學、師範、職業學校以及教育設施等，同時，仍然繼續補助各民族學校展開教育教學工作。中央對於邊疆民族教育經費的劃撥，主要用於邊疆民族省區文化教育補助費，自 1935 年起開始對甘肅、寧夏、青海、新疆等省份劃撥專款。據資料顯示，自 1935 年到 1947 年，教育部先後爲甘肅補助 64552072 元，寧夏 24235020 元，青海 35598166 元。其二是邊疆教育事業費，主要用於民族教育行政設施，其三是學校的各項經費開支。對於邊疆民族地區民族教育經費不足的部分，有地方自行籌集與劃撥。甘肅省民族教育經費，1935 年～1941 年間，主要依靠中央撥款補助。1935 年，中央撥款 10000 元在甘肅創辦了 10 所回藏小學。1942 年，財政收支系統改變以後，教育經費由省統籌。爲了鼓勵邊疆各民族地區興辦教育，1943 年，教育部又恢復經費補助，並爲祁連山區 6 所私立裕固族小學、藏族小學、拉卜楞藏民小學撥付教育補助專款。1935 年國民政府開始爲寧夏撥助邊疆民族文化教育補助費和義務教育補助費，繼之又有戰時民眾教育補助費、特種教育補助費及電化教育補助費等款項。1938 年，中央成立中央協助教育款項保管委員會，統一管理邊疆民族教育補助費在內的所有中央教育補助費。在此期間中央財政爲西北各省教育經費一直不斷地進行補助，並在以前基礎上給予擴大。

國民政府甘肅邊政教育經費補助：1936 年 3 萬元，1937 年 2 萬元，1938 年 2 萬元，1939 年 1 萬元，1940 年 2 萬元，1941 年 2 萬元，1942 年 4.5 萬元，1943 年 80 萬元，1947 年 1.2799 萬元；其他回藏民教育會附小及其他省立學

校及縣邊小學經費補助：1944 年 67.9090 萬元，1945 年 96.2887 萬元，1946 年 160.3138 萬元，1947 年 193.4310 萬元；祁連山及拉卜楞小學 8580 元，後又補助 215.7722 萬元。〔註 23〕

　　寧夏省邊政教育補助經費：1936 年 1.5 萬元，1937 年 1.5 萬元，1938 年 4 萬元，1939 年 1 萬元，1940 年 1 萬元，1941 年 8.32 萬元，1942 年 4 萬元，1944 年 4.162 萬元，1945 年 4.8 萬元，1946 年 113.22 萬元，1947 年 280 萬元，1948 年 200 萬元。〔註 24〕

　　青海省邊政教育補助經費：中央對於青海邊政教育經費補助自 1936 年起一直未有間斷，1937 年補助 500 餘萬元，1938 年補助 3000 萬元，在西北各省中分配數額爲最多。〔註 25〕

　　教材問題。民族地區教育教學應該根據邊疆民族地區的實際情況，制定出適合民族地區各級學校使用的教材。而在民國初期，邊疆民族地區教材多是搬用內地教材，嚴重與民族地區的實際情況相脫離。爲此，1930 年，教育部蒙藏教育司成立之後，開始有計劃的進行邊疆民族教育各類教材的編譯工作，編印各少數民族與漢文合璧教科書以及有教科書性質或補充性質的民衆讀物。根據上述之規定，1932 年，教育部蒙藏教育司用蒙古、藏、維吾爾等民族語言翻譯國語教科書、短期小學課本及民衆學校課本等，到 1935 年，就已經編譯出各種民族教材百餘種。這些教材在甘寧青新等省區開始流通使用，在這期間，部分民族院校根據地區實際情況開始自己編印教材工作，也取得了不小的成績。

　　1940 年，教育部爲了增進邊疆地區民族學校教學效果，提高教育質量，制定了《邊地學校補充讀物及參考圖書編輯辦法》，對邊地小學語文、自然、史地、歌謠故事、音樂、勞作等進行補充，1941 年，又公佈了《徵求邊疆教育鄉土教材參考資料辦法》和《徵集邊地教育史料辦法》，要求各學校自編鄉土教材，西北的甘寧青新等民族地區爲其徵集鄉土資料的主要地區。

　　師資力量及相關待遇。20 世紀 30 年代以來，隨著民族師範教育的發展，西北地區各級民族教育的師資力量相應也得到了很大發展，下面以銀川市師資發展加以說明：

〔註 23〕 教育部蒙藏教育司編：《邊疆教育概況》，第 87～92 頁。
〔註 24〕 教育部蒙藏教育司編：《邊疆教育概況》，第 85～86 頁。
〔註 25〕 教育部蒙藏教育司編：《邊疆教育概況》，第 92～94 頁。

銀川市民族教育師資力量

學校 年度	學　校　數					教　職　員　數				
	小學	中學	簡易 師範	女子 中學	合計	小學	中學	簡易 師範	女子 中學	合　計
1933	2	1	1	1	5	18	34	34	21	107
1934	7	1	1	1	10	48	22	12	19	101
1935	15	1	1	1	18	63	24	20	17	124
1936	15	1	1	1	18	119	24	14	18	175
1937	13	1	1	1	16	101	28	28	24	181
1938	10	1	1	1	13	82	26	26	19	163

（據《銀川市志・教育志》製作）

　　1939 年，教育部在《推進邊疆教育方案》中規定，邊疆民族初等教育師資必須有師範學校培養，中等教育師資也要有教育部特設師範學校或師範專修科進行培養。至此西北地區各類民族學校師資不論在數量上或質量上都有了明顯的提高。在青海回教促進會附屬中學師資中大學畢業者占 20%，師範畢業者占 40%，中學畢業者占 20%；青海省立蒙藏師範學校中師範畢業者占 40%。〔註26〕1933 年，寧夏有小學教師 356 人，其中師範畢業者 106 人，占教師總數的 29.8%，與民國初期相比，師資隊伍及質量上都取得了明顯的改善。

　　在民族地區師資待遇方面，學校教職員除了按一般學校教職員標準之外，1942 年起，教育部又按各學校教職員的學歷、服務年限及工作成績，發放「邊疆服務津貼」。1944 年以後，又改發獎金，後來因通貨膨脹，教育部又制定了《國立各級邊疆學校教員服務獎勵辦法》，規定在國立各級邊疆學校服務的教職員，月薪一律增加 10%，連續服務 5 年的可申請半年的帶薪休假或進修，學校對於在校的教職員在日常生活等各個方面發給一定的補助津貼及各方面的照顧，以便使得在邊疆民族地區工作的教師安心工作，服務邊疆。

　　為了鼓勵邊疆民族地區學生到內地學習，民國政府對於少數民族學生給予一定的優待與獎勵。最初針對進京學習的蒙藏學生，後來擴大了範圍，由蒙藏回學生管理委員會辦理各少數民族學生招收、指導以及經費保管支給等工作，給各少數民族學生在升學方面提供優待和創造良好的學習條件。1939 年，教育部制定了《修正待遇蒙藏學生章程》，規定蒙藏學生來京及在各省學

〔註26〕劉曼卿：《邊疆教育》（中篇），上海：商務印書館，1937 年，第 67～88 頁。

習，均由各盟旗、宗（縣）等各地官署、各級蒙藏學校及其他蒙藏地方省、縣向蒙藏委員會報送，蒙藏委員會對保送入中等學校學習的學生，考核後送入適當學校學習。學生畢業後，由蒙藏委員會及教育部擇優介紹工作，或回原籍服務。1942 年，教育部又規定了《待遇邊疆學生暫行規則》，規定除對蒙藏學生考入內地中等以上學校學習繼續給予優待外，對「其他語言文化具有特殊性質地方」的各少數民族學生一律給予優待。1947 年，又改訂該法案爲《邊疆學生待遇辦法》，並重申「所謂邊疆學生，係指蒙古、西藏以及其他語言文化具有特殊性質地方之邊族學生，而其家庭居住於原籍者」。對於保送學生，在國文及其他基本科目上予以一定的補習。在入學補助方面，1936 年，教育部制定了《補助蒙藏回族學生升學內地專科以上學校辦法》，對各少數民族學生考入內地專科以上學校實行專款補助。1939 年，又將其改訂爲《修正教育部補助蒙藏回學生升入內地專科以上學校辦法大綱》，鼓勵少數民族學生升入內地專科以上學校學習深造。據統計，從 1937～1942 年間，經教育部批准進入中央大學、西北聯大、西南聯大、西北技專等專科以上學習的少數民族學生達 155 人，其中甘寧青新等省區的學生又佔了絕大多數。截止到 1938 年底，寧夏省從國內專科以上學校畢業的回族等各民族學生達 34 人，其中享受省補助者 27 人，其餘 7 人則得到中央專款補助。1947 年，國民政府教育部對《邊疆學生待遇辦法》在此進行修正，凡是在邊疆民族地區國立中等以上學校學習的少數民族學生，或在內地設有公費的中等以上學校學習的少數民族學生，其家庭貧寒者准予發給公費，不受名額限制。各民族學生在學校學習期間，如遇特殊事故，或經費確有困難而無法承擔書籍、服裝等費用者，可申請發給特別補助費。對少數民族師範生，比一般邊疆民族學生更爲優遇，除免收學費、住宿費，供給伙食外，還發給書籍費、服裝費以及零用金等。

　　1942 年之後國民政府才實際控制了新疆。之前新疆一直處於軍閥統治之中，民國政府的政令很難在此真正得到執行，各個軍閥往往是對己有利者加以推行，對己不利者往往置之不理。因此很難說民國政府邊疆民族教育政策在新疆的具體情況。但是作爲中華民國疆域內名義上行政管轄之下，新疆的民族教育情況也是民國政府邊疆民族教育政策之中不可分割的一部分。只是對於此一時期的民族教育政策在民國政府大的政策背景之下，分別從各個軍閥的政策之中進行分析。

　　首先，楊增新時期的邊疆民族教育政策。1916 年 12 月，根據馬紹武提議，

將俄文功課刪除，加入漢文漢語。對新疆宗教機構所辦的學校進行查禁，在尉犁地區設立漢語學校，籌建西式磨坊以增加地方學校經費，訓令各地方官員不得隨意更換教員，呈請北洋政府在新疆設立師範學校並高等、初等國民漢語學校，在省城設立師範學校一所，省外設立高等小學 6 所，國民學校 52 所，私立國民學校 3 所，縣立女子國民學校 1 所，漢語學校 32 所，所有一切學校一切經費均由政府承擔，所有經費共計 18 萬元，並且在南疆地區漢語學校加派毛拉一名，教授宗教及相關知識，勸導當地民族群眾子女入學。禁止土耳其人充當教習興設學堂。籌辦教育基金，革除攤派學生學費。在民國初年內地紛爭不已的情況之下，新疆的邊疆民族教育仍舊在緩慢中發展。到 1923 年，新疆共有國民學校 84 所，在校學生 3066 人，教職員 115 人，政府每年支付教育經費 6.4829 萬元。高等小學 18 所，在校學生 468 人，教職員 28 人，經費支出 1.6663 萬元。中等學校 1 所，學生 85 人，教職員 11 人，經費 1.9703 萬元。

金樹仁在 1928 年之後登上了新疆省政府主席之位，執政之後，對於新疆的教育也進行了一些改革，成立了俄文法政學校，根據教育部統計，在金樹仁統治時期，新疆省立中學共培養 4433 人，省立師範學校也培養畢業生 322 人，在整個新疆每個縣市區都普遍建立小學，推行義務教育和社會教育，並繼續向國外派遣留學生。

對於新疆的教育狀況，盛世才稱：新疆是一個經濟落後的區域，文化當然也隨之落後。要想建設新新疆，則必須積極擴充教育，一方面應該用各民族固有的語言、文字開辦各種學校和增加教育經費，另一方面當造就師資，編審教材，和用各民族固有語言文字彙編成課本。政府實行各民族用各民族固有語言文字，開設學校，教授各民族子弟。自 1936 年起，新疆省立師范增設維、哈、蒙等專班，並在迪化成立編譯委員會，編譯民族語課本，同時向蘇聯中亞採購了大批民族語自然科學教科書，在各區縣設立小學，成立簡師、初中，創辦暑期教員講習會，使得在校學生比金樹仁時期有了很大的提高。之後隨著其三年計劃的推行，新疆的民族教育工作也隨之向前發展。加強了對新疆教育的領導力量、實施計劃、檢查、督導制度，嚴密了聯繫工作和系統工作，制定出一系列詳細的規程制度，編譯出了一批漢、維、蒙、哈四種民族語言的高級課本，加大了對各邊遠地區的教育經費投入。新疆的民族教育也取得了一定的成果：

新疆大學民族學生統計表：〔註27〕

會別	學校數	學生數
維文會	1540	89804
哈柯會	275	14322
回文會	1	44
蒙文會	24	917
共計	1840	105087

全疆公立中學民族學生統計表：〔註28〕

	維	蒙	回	哈柯	滿	錫索	歸化	塔塔爾	塔吉克	烏茲別克
迪化區	252	13	37	66	23	13	236	5	1	1
伊犁區	88		5	10	57	13		5		
阿山區				21				2		
阿克蘇區	47		7	2						
塔城區										
合計	378	13	49	99	80	26	236	12	1	1

全疆公立小學民族生統計表：〔註29〕

	維吾爾	哈柯	回族	滿族	錫索	歸化	烏茲別克	塔塔爾	塔蘭其	蒙古	塔吉克	合計
迪化區	2140	537	2623	8	3	117	51	180	2	80		2623
哈密區	130	48	152									1051
焉耆區	635		509							1076		2516
阿山區	45	1066	16		2			21		140		1333
塔城區	1616	510	1550			579						5654
伊犁區	2832	474	580	40	30	929	80			615		7213
阿克蘇區	2677	765	240		35					108		3825
喀什區	2358	20	300				37	50	30		25	2970
和田區	393		19				16	15	15		16	490
總計	12827	3420	5989	48	68	1627	184	266	47	2019	41	36675

〔註27〕 張大軍：《新疆風暴七十年》，臺北：蘭溪出版社，1980年，第3913頁。
〔註28〕 張大軍：《新疆風暴七十年》，臺北：蘭溪出版社，1980年，第3914頁。
〔註29〕 張大軍：《新疆風暴七十年》，臺北：蘭溪出版社，1980年，第3917頁。

　　在民族教育方面，盛世才政府加強了對哈、柯蒙古等游牧民族的文化教育的發展與改進，不僅要求在游牧區要增加學校數量，還要努力改進游牧中學教學質量，建立各種形式的文化工作，改善游牧民的生活質量。

　　吳忠信主新以後於 1946 年成立國民教育研究委員會，並於同年 12 月成立了地方教育教材編輯委員會，根據教育部的命令對新疆地方教材重新進行編定。盛世才時期禁止學生入內地求學，除選送學生赴蘇聯留學之外，其他一切概行禁止。到吳忠信之時，為了提高民族教育，又開始選派 150 餘名各族學生赴國立西北醫學專科學校、西北農業專科學校、中央政治學校、中央測量學校、國立邊疆學校、三民主義青年團、中央幹部學校學習，所有選送學生全部由政府承擔一切經費。在這批學生中維吾爾族 15 名、哈族 8 名、錫索滿 3 名、塔塔爾、塔蘭其、塔吉克 3 名、蒙古族 3 名，烏孜別克族 2 名、柯爾克孜族 2 名、歸化族 2 名、回族 3 名。之後，新疆教育廳又在北疆地區舉辦游牧學校、國語講習會，並為邊疆民族地區小學教師實行年功加俸制。但終吳忠信之時期，由於戰事之關係，新疆民族教育沒有取得什麼大的進展。

　　張治中時期，對於新疆的教育文化明確提出，要發揚各民族固有文化，提倡民族文藝、音樂、舞蹈、繪畫及各種藝術，促進本省文化與內地文化及各國文化之交流，設立大規模的編譯機構，編譯及出版各民族文字之字典、詞典、文法、教材及各種自然科學、社會科學、文藝等名著，分期建築各種民族藝術館、歌劇院、音樂院。對舊有的教材進行調整，增加歷史教育、時事等方面的內容，貫徹培養國家觀念、民族意識、健全人格，適合中國國情，適合時代特點，不違背三民主義，不違背國家教育宗旨，不違背本省施政綱領，不違背固有民族道德，不違背民族信仰，對於新疆各民族文化促進會給予一定的經濟補助。同時在各區縣成立教員訓練班，成立天山大學，1949 年前期，新疆共有學校 3462 所，班級 7853，學生 34.2405 萬人，教職員 1.0938 萬人。

第三節　西北開發下之西北民族經濟

　　對於民國時期西北民族地區的經濟開發與建設，今人多從民國時期的開發西北著手，從中探討其關於西北開發時期的相關民族地區經濟政策。但是不能忽視的是，民國時期對於西北地區的經濟建設，自民國初年就開始提上

了議事日程，雖則沒有形成專門的關於西北開發的政策性文件，但是透過其中有關具體政策的透析，從中還是能窺到民國政府對於西北民族地區的經濟政策。

一、民國初期對於西北地區的經濟開發

民國初期，最早提出西北實業之計劃的屬孫中山先生，在其《實業計劃》中提出：移民西部，「由人滿之省，徙於西北，墾發自然之資源，其普遍於商業世界之利，當極浩大」；〔註 30〕修建鐵路，「從利益之觀察，人口眾多之處之鐵路，遠勝於人口稀少之處之鐵路，然由人口眾多之處修築至人口稀少之處之鐵路，其利尤大」；〔註 31〕發展畜牧經濟，「此之高原境域，包括西藏、青海、新疆之一部與甘肅、四川、雲南等地方，面積約一百萬方里。附近之地，皆有最富之農產與最大之牧場」，〔註 32〕「以科學之方法，改良畜牧，將來必可取阿根廷之地位而代之」；〔註 33〕開發西部豐富的礦產資源，「四川、甘肅、新疆、陝西等省，已發現有油源。雖其油量之多寡，未能確實調查。而中國有此種之礦產，不能開採以為自用。以致由外國入口之煤油汽油等年年增加，未免可惜」。〔註 34〕

孫中山之後的北京政府，先是袁世凱稱帝，之後又為北洋軍閥混戰，其實際影響西不出甘肅，更不用說新疆了，因此除了孫中山開國之初的實業計劃對於西北開發的設想之外，民國初期的西北經濟建設更是無從談起，更不用說西北民族地區的經濟狀況。

民國時期的西北民族地區經濟開發是在抗日戰爭爆發，國民政府西遷重慶以後，西北之國防及建設意義凸顯，在此基礎之上，一大批有識之士提出了西北開發建設的問題，國民政府出於多方面原因的考慮，方把開發西北問題提上了議事日程。1934 年國民政府全國經濟委員會派員從南京出發到西北考察農業、畜牧業和社會經濟，擬定開發西北農業的計劃。1933 年 12 月，國民黨四屆三中全會決議通過《開發西北方案》，決定在國民政府行政院設西北拓殖委員會，下設國道、勸業、採礦、墾殖四局，主持西北開發具體事

〔註30〕 孫中山：《孫中山選集》，北京：人民出版社，1981 年，第 228 頁。
〔註31〕 孫中山：《孫中山選集》，北京：人民出版社，1981 年，第 277 頁。
〔註32〕 孫中山：《孫中山選集》，北京：人民出版社，1981 年，第 804 頁。
〔註33〕 孫中山：《孫中山選集》，北京：人民出版社，1981 年，第 330 頁。
〔註34〕 孫中山：《孫中山選集》，北京：人民出版社，1981 年，第 362 頁。

宜。1934 年 6 月，國民政府全國經濟委員會通過《西北建設實施計劃及進行程序》，從公路、水利、衛生防疫、農村建設四個方面開始實施。之後國民黨中央組織部長朱家驊視察甘寧青，向社會各界呼籲「建設西北」，蔣介石也於 1942 年 8 月視察陝甘寧青，指示要把西北變爲抗戰建國的基礎，同年國民政府組織了西北工業考察團，1943 年又組織西北建設考察團，對西北進行詳細的考察，從交通建設、農業畜牧業、礦山資源及實業等方面加大了對西北地區的投入。由於國民政府西北之建設著眼點於整體之建設及國家安全之考慮，因此，在其西北經濟政策之中，並沒有從民族地區民族經濟的具體入手，而是處於整體宏觀之考慮，但是通過西北各個省區的民族經濟的發展變化，從中還是能夠找到民國政府西北民族經濟政策的大略情況。

二、民族經濟之狀況

（一）甘肅

對於民族地區，國民黨在八中全會通過決議，「對於邊疆各民族一切設施，應培養其自治能力，改善其生活，扶植其文化，以確立其自治之基礎。對於邊疆各民族一切設施，以爲當地土著人民謀利益爲前提」，因此在這一政策大綱之前提之下，國民政府對於甘肅的經濟建設，主要從增加農牧業生產、促進礦業開發以繁榮農村經濟入手，在現有的基礎上發展有限的工業，修築省內、省際交通幹線，加強甘肅本省與外界的聯繫。在農業方面提出了作物改良、土地改造、病蟲害防治以及林業保護等措施，加強畜牧業的改良、草場養護及動物病疫治理，修築隴海鐵路天蘭、蘭安路段，加快黃河、洮河水利之開發。

甘肅民族地區以生產皮毛、木材、藥材及牲畜爲主，日常生活用品如糧食、茶葉、糖、布匹以及家用器皿，都需要從外地輸入，且在當地毫無任何工業可言，因此當時政府計劃在甘南臨夏等地區先修築公路，利用國內各銀行雄厚的資本實力開發當地的森林礦產以及畜牧資源，鼓勵商業界在此創立實業公司，以圖改變當地的落後狀態。對於當時甘肅民族地區的落後狀況，其基本改變還是應從民族地區經濟建設之實際出發，爲此在《西北建設論》中建議在甘肅拉卜楞以及洮西地區設立企業公司，積極改良或推進藏區的農業、畜牧業、林業等的發展，利用當地原材料進行畜牧產品加工製造，鼓勵民族間貿易發展，進一步開發農作物種植面積，盡可能地運用合作的方式發

展當地的民族工業。〔註35〕

甘肅之民族地區主要爲甘南回藏民族居住區域，其經濟形態主要以畜牧業與林業爲主，間以少量的農業經濟。因此國民政府在甘肅民族地區的經濟建設其主要表現形式也以二者爲主。甘肅省政府於 1942 年在卓尼成立第一林區管理處，撥款 150 萬元收購林區，從事保護及開發工作。1943 年春，將第一林區改爲洮河林場，並在粒珠溝、卡車溝、大峪溝等地設置分廠，共有森林面積 255 平方里，草山 245 平方里。

1936 年，國民政府全國經濟委員會在夏河縣拉卜楞創辦了西北種畜場，從南京湯山中央種畜場引進從美國引進的純種美利奴羊到該場，用以改良當地之藏羊。1941 到 1946 年，該場用僅有的 55 匹種馬和 21 頭種牛幫助牧民改良馬牛品種，受到當地牧民的歡迎。之後又用從新西蘭引進的純種毛用羊在夏河、卓尼等縣進行改良推廣，極大的提高了當地的毛用羊品種。

1941 年甘肅水利林牧公司畜牧部經理兼總技師黃異生在夏河拉卜楞寺建立了奶品製造廠，就地收購藏牧民的鮮奶，製造酪素和白塔油，同年又在岷縣設立奶牛場。夏河奶製品廠成立之時，每日收購鮮奶 2500 餘斤，到了 1944 年，日收購量達 8000 餘斤，許多藏民自動增養奶牛，有力的帶動了當地的畜牧業發展。據夏河縣特稅局 1941 年統計數字來看，當時夏河縣 1～6 月份生產羊毛 52.6131 萬斤，白羔皮 1.8776 萬斤，紫羔皮 4064 斤，哈爾皮 1.568 斤，狐皮 200 斤，老羊皮 1528 斤，牛皮 1.6778 萬斤，牛毛 706 斤，若加上卓尼與臨潭的皮毛，其產量則更爲可觀。其大多運往歸綏或蘭州等地集中，然後運往天津出口。但是由於外國商行的壓價盤剝，到牧民手中的利潤幾乎所剩無幾。因此上說，終民國政府時期，甘肅民族地區的經濟基本上還是處於原有狀態，幾乎沒有什麼大的發展。

（二）寧夏

寧夏自民國時期起就爲西北回族主要聚居地區，再加上從建省之初便一直在馬鴻逵家族的控制之下，因此寧夏省的民族地區的經濟與馬氏家族的活動有著密切的關係，從某種意義上說，寧夏地區的民族經濟一方面是以少數民族的形態出現，另一方面又以官僚資本的形態存在，是二者之間相互結合

〔註35〕艾雷貝著，陳彝壽譯：《西北建設論》，上海：商務印書館，1939 年，第 84～86 頁。

的產物。在馬氏家族的控制之下，寧夏境內的所有較大的經濟活動都爲其家族所控制。因此從這一層面分析，國民政府在西北地區的經濟政策經過寧夏馬氏集團的執行之後，一方面既可以說是國民政府的寧夏經濟政策，另一方面又表現出突出的地域特色，成爲寧夏地區的民族經濟政策。

1929 年 1 月，寧夏建省之後，下轄寧夏、寧朔、平羅、中衛、靈武、金積、鹽池、鎮戎、磴口、阿拉善、額濟納 9 縣 2 旗，總面積 27.491 萬平方公里，總人口 70 萬，境內分佈著漢族、回族、蒙古、滿族等少數民族。境內可耕地面積 184.4 萬畝，森林面積 90735.3 萬公畝，探明可開採的礦產有煤炭、方鉛、銀礦、硫磺礦、城礦、硝石礦、石棉、鹽礦等。

抗日戰爭爆發後，國民政府提出西北開發的口號，在金融方面確定省鈔與法幣比率，由兩者合作進行省外匯兌業務，對商業、工業及農業進行貸款扶植，以便刺激寧夏地區商業的恢復；商業上，鼓勵私人商業，加快省內與外界的商品流通，設立省營貿易局，促進地方農牧產品的銷售，在現有基礎上發展地方工礦業，興修水利，改善農作物品質，提高農業產量。據相關資料顯示，1926 年至 1947 年間，寧夏省共創辦近代工礦企業 39 個，包括紡織、煉鐵、電器、火柴、造紙、麵粉、甘草膏、製革、印刷、採煤、製城、陶瓷等 13 各行業，39 家企業中官辦或官商合辦的 26 家，商辦的 13 家，其中規模較大、現代化程度較高、效益較好的均爲馬氏家族控制之下的帶有官營性質的企業。對於寧夏地區的水利建設先後撥款 460 萬元，加上寧夏地方的資金投入，民國時期寧夏黃灌區在以前基礎上有了很大提高，有力地促進了地方的農業生產。

民國時期，寧夏地方經濟以及民族經濟在前期基礎之上都有了很大發展，但是，隨著馬氏家族官僚資本的形成，馬鴻逵及其家族、親信逐漸控制了全省的財政、金融、工業、商業、農林等各個部門及行業，實行家族式的壟斷經營。首先控制了全省的財政與金融，壟斷了土特產經營，利用「富寧商行」對羊毛、甘草等土特產進行專營以及食鹽、冰城的壟斷經營；在此基礎上控制地方工業，壟斷工業經濟命脈。因此在馬氏家族的壟斷和排斥之下，地方民族經濟受到了嚴重的打壓排擠，基本上處於停滯狀態，根本談不上什麼發展。

（三）青海

青海地區民族經濟的發展狀況，與寧夏地區有著很多相同之處，同樣爲

馬家軍閥所控制和影響。但是作爲青馬集團控制之下的青海，有著與馬鴻逵家族控制下的寧夏有著不同的地理、政治、民族環境，因此兩者存在著大同小異。因此國民政府對於青海之開發建設與寧夏有著不同的方針。因之國民政府在開發青海大綱中提出：發行開發青海公債，選定一些重點地區，先行開發，辦理交通、電話、無線電等事宜，提倡在適宜地區種植棉花，並試辦紡織事業，開辦採礦企業、森林事業，試辦縣肥料工廠，以振興農業，興辦水利事業、製革業等。

1933 年，國民政府在西寧、大通、貴德、湟源、化隆、循化、樂都、玉樹、門源等縣相繼設立「農事試驗場」，從事穀類、蔬菜、瓜果等的試驗種植。爲了促進青海地區的開發，民國時期先後在青海進行了多次放墾，1933 年，國民政府行政院第 126 次會議通過了《青海西區屯墾案》，決定「國民政府爲開發西北，鞏固邊防，特設青海西區屯墾督辦公署，實行兵屯，辦理青海西區墾殖事務」，「暫以都蘭以西柴達木河兩岸，祁連山脈以南，巴顏喀拉山脈以北一帶荒地爲範圍」，並命令孫殿英爲「青海西區屯墾督辦」，後爲諸馬所阻。1942 年，蔣介石特派馬步青爲柴達木屯墾督辦，令其率騎五軍赴柴達木屯墾。1945 年，青海省政府設立柴達木墾務局，開始在察汗烏蘇、香日德、賽什克等處設立墾務組，派兵在這些地方進行屯墾。

在畜牧業方面，1942 年，國民政府農林部在青海設立獸疫防治大隊，並開始籌建西寧血清廠。1943 年成立青海獸醫防治處，在湟源設血清廠，製造牛瘟血清疫苗、羊用疫苗、家畜狂犬疫苗等。

在青海的礦業開發方面，1935 年，國民政府資源委員會派技術員到青海勘察門源、化隆、貴德、玉樹等地的金礦，並於 1937 年與青海省政府共同成立「青海金礦勘探隊」，先後在青海境內各地進行勘探工作。鹽業生產是爲青海對外收入的重要一部分。抗日戰爭後，由於海鹽產區相繼淪陷，國民政府中央財政部接管了青海鹽業，並在蘭州設立西北鹽務管理局，總攬西北鹽務事宜。

在道路交通方面。1929 年 1 月，青海省政府在發表的八條施政綱領中聲稱：「西北素稱蔽塞，風化未開，都是因爲交通不便。所以本政府要積極地修築道路，並建築鐵路，以完成先總理西北交通的大計劃，以啓文化，以利民生」。〔註 36〕國內輿論也一致認爲：「開發西北，首要交通，交通不興，開發

〔註36〕《青海省政府宣言》，1929 年 1 月 24 日。

無從談起」，〔註37〕「開發西北是一項偉大的事業，非一朝一夕之功，首要開發交通，必須於最短時期內完成西北陸路及空中之交通」。〔註38〕1935 年，青海和甘肅兩省會同進行甘青公路沿線勘測，國民政府資源委員會撥款 3 萬元，青海省方面籌款 9 萬元，修築了一些簡單的橋樑涵洞。青藏戰爭之後，馬步芳向國民政府提出修建西寧至玉樹結古公路的計劃，國民政府經濟委員會撥款 10 萬元，蔣介石親自電令馬步芳「事關國防，趕築竣工」。之後，國民政府又先後兩次撥款 25 萬餘元作為工程的後續追加。1942 年，國民政府決定「康青公路需款甚巨，只可緩築，應先修青藏公路，由青海省政府負責，就地徵工，以最節省經費修築公路，並由中央貼補」。〔註39〕1943 年 6 月 14 日，國民政府交通部公路總局和青海省政府組成青藏公路工程處，由馬步芳兼任處長，青海省建設廳廳長馬驥兼副處長，公路總局派遣總工程師陳孚華兼副處長，修築湟源至結古的公路，1944 年底，該路段修成通車。1945 年 11 月，國民政府因收服新疆之需要，開始籌劃修築青新公路。該路工程由青海省政府主持，國民政府交通部協助，1947 年 9 月，青新公路通車試運行。雖然說，國民政府在青海民族地區修築公路更多的是出於國防安全之需要，但是不可否認的是，隨著康青、青藏、青新公路的完成及通車，在一定程度上促進了周圍民族地區與外界的經濟交往，在某種意義上起到了促進民族地區經濟發展的作用。

（四）新疆

民國政府初期，無暇顧及新疆，再加上楊增新的閉關而治思想，因此終北京政府時期，很難談上對新疆的經濟政策。而繼之的金樹仁、盛世才之時，中央政府一時無力也無法實際影響到新疆。民國政府對於新疆的經濟建設以及經濟政策的實施，只是在盛世才歸附中央之後方才得以落實。再者，新疆本身即為民族地區，因此在一定程度之上，新疆的民族經濟政策亦即民國政府對於新疆的經濟政策之一部分。因此對於民國政府的新疆的民族經濟政策還要從其新疆經濟政策入手。

〔註37〕 戴季陶：《開發西北工作之起點》，《西北》，新亞細亞學會，1932 年，第 38 頁。

〔註38〕 《大公報社評》，《大公報》，1931 年 12 月 18 日。

〔註39〕 《蔣介石給國民黨政府行政院的批示》（1942 年 5 月），原件存南京史料整理處。

國民政府控制新疆之後，一方面面臨著三區方面的壓力，另一方面由於戰爭之需要，亦要迫切解決經濟發展及民生問題。因此在此種艱難之情形之下，新疆的經濟建設開始在困難中緩慢起步。1945 年，為了恢復農業生產，新疆省政府開始擴大春耕，發行春耕貸款五千萬元，作為擴大農業生產之用，並由民政、財政及商業銀行決定實施辦法十條，以扶植農業生產的恢復及發展。為了督促省政府關於農業政策的落實，省政府電飭各區行政督察專員公署選派專員赴各縣督導，並由民政廳、財政廳、建設廳社會處、田糧處及第一區行政專員公署等機關派專員十二人，分成督導七組，分赴全疆各縣督導農業生產。在督促農業生產同時，新疆省政府開始對全省水利設施進行建設，但是由於戰爭爆發及人才短缺，其水利建設處於長期的停滯狀態之中。

對於全疆的畜牧業來說，由於受到戰亂關係，國民政府之推行改良牲畜及草場計劃受到很大影響，特別是伊犁、塔城、阿爾泰各區為伊犁方面所困擾，幾乎更談不到什麼恢復發展。但是即便是在時局艱難情況之下，政府還是貸款 150 餘萬元用於畜牧業的恢復發展，先後在伊犁、塔城、阿山設立了二十二個獸醫院，之後因為戰爭因素又不得不撤回。但是其他地區的工作並沒有因之停止，在當時有限的人力、物力條件之下，生產了一批牛痘、狂犬等疫苗，在一定程度上為牧區的畜牧業發展提供了醫療保障。

交通運輸方面。1946 年，交通部公路總局決定在新疆成立第六區公路工程管理局，辦理新疆全省的公路工程及交通運輸事宜。此外西北公路局也決定在新疆成立監理所，辦理全疆車輛管理過戶等問題。為了適應日益擴大的運輸業務的需要，國民政府又在新疆成立了全疆運輸司令部，統一調度全疆的車輛運輸問題。關於在南疆修築鐵路一事，據當時《新疆日報》報導，社會人士、各縣議員及黨部人員都表現出了極大熱情，1946 年，中央蠲免全疆田賦，如若動員民眾用此項蠲免之賦稅折合國幣 3 萬 2000 萬，再加上政府之支持，則南疆鐵路之修築尚不成問題。但是由於三區方面戰事的擴大，新疆的一切經濟建設隨之也轉入戰時狀態，一切經濟建設都處於停滯之中。

到了張治中時期，雖然戰事有所緩和，但是戰爭所造成的毀壞卻在短時期內難以恢復。因此，張治中到新疆以後，對於新疆的經濟恢復建設工作主要從以下諸方面入手。

在農業方面，新疆聯合政府在施政綱領中宣稱：扶植自耕農，保障佃權，防止土地集中。鼓勵農民增墾農田，改良農業技術，實施倉儲制度，治理病

蟲害，增加棉花桑麻及各種農副產品；畜牧業方面，伊犁、塔城、阿山三區由於戰爭之影響，其牲畜數量已經不到盛世才離新時的一半，且實際上並不為中央所控制，因此，張治中在施政綱領中提到的振興畜牧業的計劃很難落到實處，除了設立畜牧訓練班開設種畜站之外，幾乎在其他方面難以有所作為。農田水利方面，張治中蒞臨新疆之後，鑒於新省農田廣闊，沃野無限，只因水利發展滯後制約了農業的發展。因而上臺伊始，張治中就成立了新疆省水利局，合併民政廳、建設廳原有墾殖、水利兩科，由行政院水利委員會新疆水利勘測隊隊長王鶴亭任局長，直隸省政府負責，大規模開發新疆水利。但因當時戰況日益嚴重，各地民心浮動不安，生計難以維持，其進行農田水利之建設成了一紙空文。

綜觀民國時期新疆的經濟政策，其中心工作是為圍繞政治鬥爭而展開，隨著戰事的擴大和嚴重，其一切工作隨之轉移到戰爭工作，經濟工作一時間難以顧及。因此此一時期的新疆民族經濟工作更是無從談起，如若意欲從中窺見國民政府這一時段的政策，也只能從其戰時政策之中窺以大略。

第十一章　民國政府西北民族政策之評析

第一節　傳統與現代之融合

　　羈縻政策是中國歷代王朝治理邊疆民族地區一種傳統手段，其較早見諸於《史記・司馬相如則傳》「蓋聞天子之於夷狄也，其義羈縻勿絕而已」，「羈，馬絡頭也；縻，牛蚓也」。《漢宮儀》云「馬云羈，牛云縻，言制四夷如牛馬之受羈縻也」。〔註1〕漢高祖初安天下，苦於軍旅，於是雖有「高祖有天下，三邊外畔……會高祖厭苦軍事，亦有蕭張之謀，故偃武休息，羈縻不備」，十六國時期，前秦苻堅曾言「羈縻之道，服而赦之，示以中國之威，道以王化之法，勿極武窮兵，過深殘掠」，〔註2〕《舊唐書・回紇傳》之中亦有類似記載「自太宗平突厥，破延陀，而回紇興焉，太宗幸靈武以降之，置州府以安之，以名爵玉帛以恩之，其義何哉？蓋以狄不可盡，而以威惠羈縻之。開元中，三綱正，百姓足，四夷八荒，翕然向化，要荒之外，畏威懷惠，不其盛矣」〔註3〕，到了宋元時期，其對於羈縻政策的認識在前人的基礎之上又有了更爲詳細、精確的表述「忿鷙沓貪，以攻佔爲業者，夷狄之謂也。故古先哲王，懷之以恩信，驚之以威武，長轡遠馭，羈縻不絕而已」。〔註4〕到了明清

〔註1〕司馬遷：《史記》，卷117，中華書局點校本，1975年。
〔註2〕房玄齡等：《晉書・苻堅紀下》，北京：中華書局，1974年。
〔註3〕劉昫等撰：《舊唐書・回紇傳》，卷195，北京：中華書局，1975年。
〔註4〕劉昫等撰：《舊唐書・徐堅傳》，卷120，北京：中華書局，1975年。

時期，傳統的羈縻政策在以往恩威並用的基礎之上，又融入了「修其教不易其俗，齊其政而不改其宜」，〔註5〕就是在少數民族承認中央統治的前提之下，中央允許其有相對有限的政治空間，使其可以保持本民族地區原有的社會經濟制度、宗教信仰和風俗習慣、文化傳統等。

由此可見，中國古代之羈縻即是對邊疆少數民族在與中央王朝保持一定關係之前提下，通過貢賜、互市、和親、通使、朝聘盟誓等形式進行籠絡，從政治、經濟、文化諸方面對其施加影響，使之服從中央政府的管理；其次，中央王朝對邊疆民族地區的治理，大多因循「因俗而治」之原則，其基本出發點是對於邊疆的「別種殊域」採取「蠻夷羈縻以屬，不宜與中國同法」之策，〔註6〕任用地方部落頭人以及土官等，使之「世襲其職，世守其土，世長其民」，「不煩華夏之兵，使其同類自相攻擊」，〔註7〕對於因俗而治之邊疆民族政權，施行「畫野分疆，山川限其內外；遐荒絕域，刑政殊於函夏。是以昔王御世，懷柔遠人，義在羈縻，無取臣屬」，〔註8〕中央政府只是在保持中央集權穩定、國家安穩的前提下允許邊疆民族政權適度而治，而當其一旦逾越了這個度，中央政府就會毫不猶豫地進行征討。其三，中央政府對於邊疆民族地區的統治，其最終目的在於通過當地少數民族政權實現中央政府的更高層次的統治。明清以來，隨著周邊民族地區與中原地區聯繫的加強，傳統的「以夷制夷」的土官制度開始出現了土流參治以及向流官轉化的傾向，中央政府同時在條件成熟的地區大力推行「改土歸流」工作，當然在一些相對偏遠以及與中央政府密切相關的地區還是沿用舊有的統治制度。

中國歷史上的羈縻政策是歷代統治者根據國情和民族特點而產生形成的一種行之有效的統治措施，從中央政府的角度分析，推行這一政策加強了對各族人民的管理和震懾，鞏固了自身的統治；從少數民族方面來看，它是一種相對比較寬和避免了武力征服和軍事鎮壓的政策，順應了歷史發展的趨勢，有利於民族的團結和國家的統一。

在羈縻政策之下，邊疆民族地區保持了原有的社會組織、傳統的管理制度以及原有的生產方式、生活習慣，原有的統治者的世襲權力和地位並沒有

〔註 5〕班固：《漢書‧晁錯傳》，卷 49，北京：中華書局，1973 年。
〔註 6〕歐陽修、宋祁等：《新唐書‧徐堅傳》，卷 199，北京：中華書局，1975 年。
〔註 7〕班固：《漢書‧晁錯傳》，卷 49，北京：中華書局，1973 年。
〔註 8〕王欽若等編：《冊府元龜》，卷 170，北京：中華書局，1960 年。

發生改變，各民族在中央政府影響之下保持著原有的治理方式。通過一系列
羈縻措施的實施，進一步加強了邊疆少數民族及其統治者對中央政府的信任
感和向心力，減少了民族之間的隔閡，改善了民族關係，使得邊疆各民族在
接受中央王朝的監領之下，逐步納入到國家劃一的發展軌道之中，加強周邊
民族同中原地區的經濟、文化交流，對於維護我國多民族國家的統一和發展
起到了積極的作用。

　　民國初年，在西北地區基本上沿用了清朝時期的羈縻政策。

　　袁世凱上臺以後，對於邊疆地區廢除藩屬名稱，宣稱從此之後蒙藏回疆
等處，自應統籌規劃，以謀內政之統一。民國政府於理藩院不設專部，蒙藏
回疆與內地平等，將來各該地方，一切政治俱屬內務行政範圍。在地方制度
未經劃一規定以前，蒙藏回疆應辦事宜，均各仍照向例辦理。〔註9〕蒙藏王公
之原有管轄治理之權力，一律照舊，其世爵名號照舊承襲，其在本旗之所享
特權，亦照舊無異。各王公、世爵之俸餉，從優支給。對於蒙古之通曉漢文，
並合法定資格者，得任用京外文武各職，並將唐努烏梁海、阿爾泰烏梁海各
旗也改為「世爵」制。1913年9月，袁世凱又頒佈《加進實贊共和之蒙古札
薩克王公封爵》大總統令，對西北地區存在的蒙古王公札薩克都得到了晉升
和封賞。1915年哈密沙親王入京朝覲，袁世凱資助其路費2000銀元，封沙木
胡索特一等嘉禾章翎衛使，頭等札薩克雙親王，特准其一年雙俸，晉封聶茲
爾為「貝子」。青海和碩特部河南親王，也在民國二年被晉封為和碩特親王。
對於藏傳佛教的上層人物，袁世凱也予以加封名號和優厚賞賜。對於進京覲
見或表示忠順的藏傳佛教宗教人士「無論已否賜有名號，應一律再加封號，
以示優榮」〔註10〕，民國五年（1916年），嘉木樣四世圓寂，民國政府冊封嘉
木樣五世為「輔國闡化禪師胡土克圖」。通過一系則的封賜優厚賞賜，使得民
國政府贏得了西北民族世俗及宗教上層的擁護。當護國戰爭之時，哈密沙親
王懇請「以討賊之權，除暴安良，恭行天討，誓願選全國回部中強健男兒，
編成軍旅，即時南下，誓滅叛首而報國家」。〔註11〕

〔註9〕徐友朋編：《袁大總統書牘彙編》卷2，上海：廣益書局，1927年，第9頁。
〔註10〕王得勝：《北洋軍閥對蒙幾個問題的初析》，《內蒙古近代史論叢（第三輯）》
　　　　內蒙古人民出版社，1987年第35頁。
〔註11〕末代回王沙木胡索特。
　　　　http://club.xilu.com/kongfei37/msgview-11039-17571.html

　　為了籠絡少數民族地區上層人士，民國政府也注意吸收少數民族統治者參與國家的管理，在《中華民國約法》中關於西北地區參眾兩院議員之名額分配中規定，參議員中，阿拉善、額濟納各有一名，青海、蒙古參議員選舉由各族王公世爵或世職組織。依照該法少數民族參議員，蒙古 24 人，青海 3 人，西藏 7 人；眾議員中蒙古 27 人，青海 3 人，西藏 8 人。

　　北洋政府在西北地區設置「寧夏護軍使轄地」，在青海、內蒙地區仍舊沿用舊制，其在官制上採用雙軌甚至是三軌制度。根據民國三年三月十二日的《寧夏將軍組織行政公署暫行章程》的規定，寧夏將軍兼轄滿蒙各旗事務，置總務廳，管轄甘邊西套蒙古兩旗，綏遠都統所轄的伊克昭盟的烏拉特、鄂托克兩旗，也暫歸其節制。同時改西寧辦事大臣為青海辦事長官，管轄青海全境的軍政、民政、司法、外交等事務。對於青海、寧夏、甘肅、新疆駐地之蒙古之治理，沿用了清朝的雙軌制做法，一方面甘肅、寧夏、新疆、伊犁甘寧邊鎮守使等充任蒙古地區的「派遣官吏」，另一方面對於蒙古地區的盟旗制度和世襲封爵的王公制度，依舊沿用清朝陳規。與清朝不同的是旗內事務由札薩克管理，但受民國政府派遣官吏的監督，盟旗的司法權也由札薩克掌握，較大的取決於盟長，更大的要由主管司法機關解決；外交和邊防事務，均由中央政府直接辦理；軍事事務由陸軍部和地方軍政長官監督；不設盟的旗、無札薩克的部落，一切均直屬派遣官吏或有關中央機關。〔註12〕

　　對於活動於西北地區的諸馬勢力，民國政府也是採取傳統的手法。民國初年，馬福祥被任命為寧夏鎮總兵，1913 年 9 月，以肅邊有功為袁世凱晉升為寧夏護軍使，授軍銜為陸軍中將，頒發二等文虎之章，〔註13〕同時確認寧夏直屬中央，不再受甘肅都督統轄。不久北洋政府又開缺寧夏將軍常連軍職，馬福祥兼任寧夏將軍。1916 年 4 月 18 日，北洋政府以馬福祥「積功在邊陲，息樓蘭之烽火」，特授以勳四位，「念成功於既往，愛錫命以昭來」。〔註14〕

　　民國初年，馬麒聯合各族王公盟長等致電中央，聲稱「共和成立，五族一家，同敦親睦」，〔註15〕表示擁護中央，袁世凱遂來電嘉獎，委任馬麒為蒙

〔註12〕錢實甫：《北洋政府時期的政治制度》，北京：中華書局，1984 年，第 269～281 頁。

〔註13〕王文墀：《馬護軍使援五原表功記》，《馬氏族譜·述事集》，1946 年。

〔註14〕馬福祥修：《朔方道志》，卷首，天津：天津古籍出版社，1987 年。

〔註15〕《青海蒙古二十九旗王公致袁大總統詒電》，甘肅省積石山保安族東鄉族撒拉

番宣慰使。後來，為了拉攏青海各族王公，袁世凱對這些蒙藏王公又進行了
分封，分封親王 3 名，郡王 5 名，鎮國公 4 名，輔國公 17 名，並頒發委任狀，
作為其承認共和的嘉獎。1915 年 10 月，北洋政府裁撤西寧辦事長官，改派馬
麒為甘邊寧海鎮守使，袁世凱時期，又授以五等勳位、一等車騎都尉世職，
封銳威將軍，獎給一等文虎勳章。

　　在新疆，楊增新對於清朝冊封的大量王公貴族世爵世職也予以全部承
認，並報請北洋政府重新冊封，普遍給他們晉升爵位，對於他們原有的封建
特權也予以保護。1912 年南路舊土爾扈特部落盟長卓里克圖汗布孟庫尚無兒
子，就預先給其一子輔國公爵位。1917 年布孟庫病逝，其 3 歲之子遂承襲爵
位並擔任盟長。1913 年 2 月，分封、晉封南路舊土爾扈特中旗的幾位頭目為
郡王、輔國公、二等臺吉等。1914 年晉封庫車郡王買買提明為親王，吐魯番
郡王伊敏和卓也為晉封為親王（鎮國公銜）。此外，又晉封拜城輔國公司迪克
為貝子，和田輔國公木沙為鎮國公，木沙亡後以其子拉承恩爵位，對於其他
幾十位各民族的王公貴族也給予不同的冊封、晉封。所有爵位的貴族，均由
政府按等級發給 100 兩至 5000 兩的年俸，如遇該爵家中變故，政府按爵位高
低發給一定數量的撫恤銀兩，對於這些王公世爵定期進京朝覲，政府也給予
豐厚的川資。除了這些王公貴族之外，對於地方有影響力的民族人士，楊增
新也是極力拉攏優遇。維吾爾族富商、地主饒孜被任命為省議會議長，阿圖
什人雅合布作國會議員，還有其他一些的地方人士也被推任為國會或省議會
議員，同時在經濟上給予高薪，政治上享有種種特權。正是有了這些優厚待
遇，楊增新受到了各族王公貴族和地方人士的擁護，當其向北京政府表示告
老隱退時，各族頭人立即發出通電，擁護楊永鎮西陲。而北洋政府在當時的
情況之下也正好借助楊增新維持新疆的穩定。

　　縱觀民國政府西北民族地區政治體制，其一方面沿襲了前朝行之有效的
政治制度，法律法規，同時亦對其進行了現代化進程中的逐步改造，使之與
現代共和體制相適應。雖然在這一進程中充滿了矛盾與鬥爭，但正是在這持
續不斷的矛盾與鬥爭之中，中央政府不斷地對其西北民族政治體制、治理理
念等各個方面進行持續的調整完善，使之適應現代化政治體制的需要

族自治縣志編纂委員會編：《積石山保安族東鄉族撒拉族自治縣志‧大事記》，
蘭州：甘肅文化出版社，1988 年，第 27 頁。

第二節　理論與現實之衝突

一、民國政府之西北民族政策理論

民國政府西北民族政策之理論構成，是以民國政府民族政策爲原則，結合西北邊疆地區實際情況而形成，因之，對於其理論來源之分析，還要從根本源頭上入手，由總體而具體。

（一）平等理論之與政策

1、民族平等之理論

民族平等是指不同民族在社會生活和交往聯繫的相互關係中，處在平等的地位，具有同樣的權利，是指各民族在社會生活的各方面的地位、待遇和權力、利益的平等。〔註16〕

1906 年孫中山在《革命方略》中聲稱「（其革命主張）雖經緯萬端，要其一貫之精神則爲自由、平等、博愛」，〔註17〕「大抵革命之舉，不外種族、政治兩種，而其目的均不外求自由、平等、博愛三者而已」。〔註18〕對於其思想體系之來源，孫中山曾坦言「余之謀中國革命，其所持之主義……有規撫歐洲之學說事蹟者」。〔註19〕同時孫中山亦承認其思想「有因襲吾國固有之思想」。他說，其三民主義「都是從不平等裏頭的反動生出來的」。〔註20〕因之，孫中山認爲「種族不平等，自然政治亦不能平等，是以有革命。要是異族因政治不平等，其結果惟革命，同族間政治不平等，其結果亦惟革命」，〔註21〕

在其平等思想裏包含了政治、經濟、文化、宗教諸方面的平等理論。

政治方面。1912 年 1 月，其在致蒙古王公電中提出「群起解除專制，並非仇滿，實欲合全國人民，無分漢、滿、蒙、回、藏，相與共享人類之自由」，〔註22〕「今我共和成立，凡屬蒙藏、青海、回疆同胞，在昔受制於一部者，今皆得爲國家主體，皆得爲共和國之主人翁，即皆能取得國家參政權」，〔註23〕

〔註16〕金炳鎬：《民族理論通論》，北京：中央民族大學出版社，2007 年，第 379 頁。
〔註17〕孫中山：《孫中山全集》，第 1 卷，北京：中華書局，1981 年，第 296 頁。
〔註18〕孫中山：《孫中山全集》，第 2 卷，北京：中華書局，1982 年，第 438 頁。
〔註19〕孫中山：《孫中山全集》，第 7 卷，北京：中華書局，1985 年，第 60 頁。
〔註20〕孫中山：《孫中山全集》，第 6 卷，北京：中華書局，1985 年，第 3 頁。
〔註21〕孫中山：《孫中山全集》，第 2 卷，北京：中華書局，1982 年，第 43 頁。
〔註22〕孫中山：《孫中山全集》，第 2 卷，北京：中華書局，1982 年，第 48 頁。
〔註23〕孫中山：《孫中山全集》，第 2 卷，北京：中華書局，1982 年，第 439 頁。

其多次重申，使中國境內各民族「於政治上有發言之權」，「立於平等地位」。
〔註24〕

　　經濟方面。孫中山對於西北地區經濟之狀況，曾言「吾國民族生聚於東南，而凋零於西北，致生聚之地人口有過剩之虞，凋零之地區物產無豐富之望，過於不及，兩失其宜，甚非所以致富圖強之道」，〔註25〕為了使得民族地區經濟發展，最終達到經濟之平等，孫中山在其《實業計劃》中提出中國自己的鐵路體系，「南路，起點於南海，由廣東而廣西、貴州，走雲南、四川間，通入西藏繞至天山之南；中路：起點於揚子江，由江蘇而安徽，而河南，而陝西、甘肅，超新疆而迄於伊犁；北路：起點於秦皇島，繞遼東，折入於蒙古，直穿於外蒙，以達烏梁海」，〔註26〕並在此基礎上提出「殖民蒙古、新疆，實為鐵路計劃之補助，蓋彼此互相依倚，以為發達者也」。〔註27〕

　　文化方面。對於文化教育平等，孫中山曾言「現在民國，人民受教育，是大家都要有平等機會的」，〔註28〕強調「勵行教育普及」，「增進全國民族之文化」。〔註29〕

　　宗教方面。對於宗教之平等，孫中山曾經指出「但聽人民自由奉教，一切平等」，〔註30〕「政治既經改良，不惟五族人民平等，即五族宗教亦平等」。〔註31〕

　　民國政府民族平等之理論，包括「對於國外之侵略強權，政府當抵禦之，並同時修改各國條約，以恢復我國際平等」，〔註32〕「凡夫一切帝國主義之侵略，悉當去除解放，使中華民族與世界各個民族同立於自由平等之地」。〔註33〕對內國內民族一律平等就是「承認境內各民族之自決權」，〔註34〕具體就是打倒「專

〔註24〕孫中山：《孫中山全集》，第 2 卷，北京：中華書局，1982 年，第 439、469 頁。

〔註25〕孫中山：《孫中山全集》，第 2 卷，北京：中華書局，1982 年，第 297 頁。

〔註26〕孫中山：《孫中山全集》，第 2 卷，北京：中華書局，1982 年，第 383～384 頁。

〔註27〕孫中山：《孫中山全集》，第 2 卷，北京：中華書局，1982 年，第 264 頁。

〔註28〕孫中山：《孫中山全集》，第 8 卷，北京：中華書局，1986 年，第 534 頁。

〔註29〕孫中山：《孫中山全集》，第 7 卷，北京：中華書局，1985 年，第 3 頁。

〔註30〕孫中山：《孫中山全集》，第 2 卷，北京：中華書局，1982 年，第 66 頁。

〔註31〕孫中山：《孫中山集外集》，上海：上海人民出版社，1990 年，第 65～66 頁。

〔註32〕孫中山：《孫中山全集》，第 9 卷，北京：中華書局，1986 年，第 127 頁。

〔註33〕孫中山：《孫中山全集》，第 9 卷，北京：中華書局，1986 年，第 541 頁。

〔註34〕孫中山：《孫中山全集》，第 7 卷，北京：中華書局，1985 年，第 60 頁。

制餘孽之軍閥」，實現民族之自治自決，民族之自治自決，則「國內諸民族宜可得平等之結合」。〔註35〕

對於其民族平等理論之最終目的，孫中山指出「就中國的民族說，總數是四萬萬人，當中參雜的不過是幾百萬蒙古人，百多萬滿洲人，幾百萬西藏人，百幾十萬回教之突厥人。外來的總數不過一千萬人。所以就大多數說，四萬萬中國人可以說完全是漢人」，〔註36〕「五族一家，立於平等地位，種族不平等問題解決，政治之不平等問題亦同時解決，永無更起紛爭之事」。〔註37〕

2、現實推行中西北地區所面臨諸問題

在民國政府民族平等理論指導之下，民國政府制定了一系則的法律、法規，蒙藏委員會、國民黨中央亦出臺了關於民族平等方面的法規、宣言，應該說，在政策上逐漸完善了民族平等的思想。但是在西北地區實際實行過程之中，囿於歷史、國內外、諸民族、諸宗教原因，造成了理論、政策與現實的脫離。

1914 年 5 月，《中華民國約法》正式頒佈，在民族與宗教方面規定「中華民國人民，無種族、階級、宗教之區別， 均為平等，人民於法律範圍內，有信教之自由」， 但同時在《中華民國大總統令》中規定「現在五族共和，凡蒙、藏、回疆各地方，同為我中華民國領土，則蒙藏回疆各民族，即同為我中華民國國民。此後蒙藏回疆等處，自應統籌規畫，以謀內政之統一，而冀民族之大同」，〔註38〕孫中山亦多次強調「努力於文化及精神之調洽，建設一大中華民族」。〔註39〕其後蔣介石在西寧對著漢滿蒙回藏各族士紳、王公、活佛阿訇、千百戶的《中華民族整個共同的責任》演講中說「我們只有一個中華民族，而其中單位最確當的名稱，實在應稱為宗族」，〔註40〕雖然其亦強調「務使國內各宗族一律平等，並積極扶助邊疆各族的自治能力和地位，賦予以宗教、文化、經濟均衡發展的機會」。〔註41〕但其在總體上已與原本之民族

〔註35〕孫中山：《孫中山全集》，第 9 卷，北京：中華書局，1986 年，第 119 頁。

〔註36〕孫中山：《孫中山全集》，第 9 卷，北京：中華書局，1986 年，第 188 頁。

〔註37〕孫中山：《孫中山全集》，第 2 卷，北京：中華書局，1982 年，第 439 頁。

〔註38〕《中華民國大總統令》，（1912 年 4 月 22 日），許廣智、達瓦：《西藏地方近代史資料選輯》，拉薩：西藏人民出版社，2007 年，第 349 頁。

〔註39〕孫中山：《孫中山集外集》，上海：上海人民出版社，1990 年，第 29 頁。

〔註40〕張其昀主編：《蔣總統集》第二冊，國防研究院、中華大典編印會，1961 年，第 1422 頁。

〔註41〕蔣介石：《中國之命運》，正中書局，1943 年，第 188 頁。

平等理論相矛盾。

　　民國政府雖在政策上賦予邊地民族平等之權利，但是在實際中卻被迫有所變通。比如在中央政府及地方政府公務人員之任職條件中規定了語言、文化、財產地位等限制，其在西北地區民族政策的推行，多倚重於地方民族、宗教上層人士，這樣就漠視了廣大下層民眾的利益，海固事件中，起義民眾向國民政府當局表明「中央只拉攏回族有槍頭子的是不夠的，回族不是他們幾個人能決定的」〔註42〕在西北民族政策的實際實行過程中，由於地方官員良莠不齊，在政令推行中實際存在著民族歧視的現象（小鋪事件、海固事件），大民族主義時有表現。因之，其政治平等實則爲西北少數民族地區民族、宗教上層之平等。由於戰爭因素之影響，國民政府雖然已制定了西北開發計劃，但眞正起到發展少數民族地區經濟的卻很少，交通不便、經濟落後等現象還一直長期存在。在文化上，雖則制定了一系則的發展西北邊疆民族文化教育的方針，但事實卻是運用「融合的動力是文化」的文化同化的方針，只是在最後爲了挽救政治敗勢，方在新疆地區推行文化平等的方針政策。

（二）自治理論之與政策

　　1921 年 6 月，孫中山曾經提出，民族自決一說實則爲本黨之民族主義。在國民黨一大上孫中山宣佈「承認中國以內各民族之自決權」，並在《國民政府建國大綱》中明確提出「對於國內之弱小民族，政府當扶植之，使之能自治自決」，〔註43〕並「承認中國以內各民族之自決權」。〔註44〕1926 年 10 月，國民黨《本黨最近政綱決議案》規定「國內各小民族應有自決權利」，〔註45〕1929 年 3 月 27 日，國民黨第三次代表大會通過了《蒙疆與新疆決議案》，提出「於民權主義上，乃求增進國內諸民族自治之能力與幸福，使人民能行使直接民權，參與國家之政治」，〔註46〕1929 年 6 月 17 日，國民黨三屆二中全

〔註42〕《謝覺哉同志報告》（1938 年 2 月 9 日），《甘肅黨史資料》，第 2 輯，蘭州：
　　　　甘肅人民出版社，1985 年，第 60 頁。

〔註43〕孫中山：《孫中山全集》，第 9 卷，北京：中華書局，1986 年，第 119、127
　　　　頁。

〔註44〕孫中山：《孫中山選集》（下），北京：人民出版社，1957 年，第 3 頁。

〔註45〕榮孟源：《中國國民黨歷次代表大會及中央全會資料》（上），北京：光明日報
　　　　出版社，1985 年，第 283 頁。

〔註46〕榮孟源：《中國國民黨歷次代表大會及中央全會資料》（上），北京：光明日報
　　　　出版社，1985 年，第 646～647 頁。

會通過《關於蒙藏之決議案》，提出「軍事、外交及國家行政，必須統一於中央，以整個的國家力量謀蒙藏民族之解放，說明本黨訓政之意義，督促蒙藏人民積極培育自治之能力，完成自治之組織」，〔註47〕抗戰爆發後，日本方面亦以民族自決相誘惑，加緊了對西北地區的侵略步伐，爲此，1938 年 3 月國民黨臨時代表大會在《中國國民黨臨時全國代表大會宣言》中聲明「惟抗戰獲得勝利，乃能組織自由統一的即各民族自由聯合的中華民國」，〔註48〕1942年 11 月 27 日，國民黨五屆十中全會在《關於政治報告之決議案》中重申「對於邊疆各地之一切政務，應繼續遵照八中全會所決議『培養其自治能力，改善其生活，扶植其文化，以確立其自治之基礎『」，〔註49〕1945 年 5 月 18 日，國民黨六大在《本黨政綱政策案》中進一步提出「實現蒙藏各民族之高度自治，並扶助各民族經濟、文化之平衡發展以奠定自由統一的中華民國之基礎」，〔註50〕1946 年國民黨六屆二中全會在《對於邊疆問題報告之決議案》中規定，未來憲法要有保障邊疆民族自治權利的條款，按邊疆民族實際情況規定各地的自治制度。

在民國政府憲法性文件中，對於民族自治亦有相關之條款。《中華民國訓政時期約法》第二十九條規定「地方自治，依建國大綱及地方自治開始實行法之規定推行之」，1946 年的《中華民國憲法》第一一九條規定「蒙古各盟旗地方自治制度，以法律定之」，第一二〇條規定「西藏自治制度，應予以保障」，第一六八條規定「國家對於邊疆地區各民族之地位，應予以合法之保障，並於其地方自治之事業，特別予以扶植」。

民國政府民族自治理論及政策形成之後，對於西北地區民族自治運動產生了極大的影響。1925 年 10 月 13 日，在共產國際、國民黨、共產黨及外蒙方面支持下，內蒙人民革命黨成立並通過了《內蒙古人民革命黨第一次代表大會宣言》，提出要完成蒙古的自治自決。1931 年，國民政府制定《蒙古盟部

〔註47〕 榮孟源：《中國國民黨歷次代表大會及中央全會資料》（上），北京：光明日報
出版社，1985 年，第 765～737 頁。
〔註48〕 榮孟源：《中國國民黨歷次代表大會及中央全會資料》（上），北京：光明日報
出版社，1985 年，第 466～468 頁。
〔註49〕 榮孟源：《中國國民黨歷次代表大會及中央全會資料》（上），北京：光明日報
出版社，1985 年，第 789 頁。
〔註50〕 榮孟源：《中國國民黨歷次代表大會及中央全會資料》（上），北京：光明日報
出版社，1985 年，第 934 頁。

旗組織法》，雖然賦予了盟旗一定的政治權利，但同時造成了盟旗與省縣在職權劃分上的混亂。為了解決這一問題，1934 年 2 月，國民政府頒佈《蒙古自治辦法原則》，但是後來由於日本方面對德王拉攏，該原則實則流於形式，並未有真正發揮作用。1949 年 8 月 5 日，德王成立了蒙古自治政府，通過了《蒙古自治法》，主張實施高度自治，提出外交國防之外的其他權利均歸自治政府的主張。

在新疆地區蘇俄支持下的三區事變與國民政府的自治政策相互交織，之後成立的聯合政府在經濟政治文化諸多方面給予地方極大的自治權利，出於政治鬥爭的需要，最後一度把政權交予極富地方民族色彩的大突厥主義者執掌，由於麥斯武德在民族自治問題上走得太遠，以致於踏上分裂的道路，國民政府不得不最終撤換，改用國家觀念、民族觀念較強的溫和人士主導新疆的政局，以圖緩和民族矛盾，避免刺激蘇聯，以期維護民族的團結，領土的完整。

縱觀民國時期的西北民族地區自治政策，其根本目的在於在保證國家領土完整，軍事外交等國家主權完整的前提之下，逐步由有限自治完成到高度自治的過度。但是由於受到蘇聯、日本、英國方面對其民族自治自決政策的利用，加上外來力量對邊疆民族關係的挑撥，使得地方民族主義思想膨脹。而此時的民國政府面對邊疆問題，一則限於外交困窘，二則囿於內部紛爭，對於邊疆問題，政策及時而實施不及，中央權威受到來自邊疆地方的挑戰，其西北民族自治面臨著政策完善、制度矛盾、中央與地方權力博弈等問題，最終使得其西北地區民族自治呈現出理論政策與實際推行相脫離的狀態，而這又反過來影響到其自治政策的進一步的制定與實施，最終影響著西北邊疆的穩定。

（三）融合理論之與政策

民國時期之民族問題，其根本原因，時人多有指出「以人民而論，則只有民族的思想，而無國家之觀念。斯弊也，漢人有之，滿蒙回藏人亦然。惟其熱於民族的思想，故常起內亂，惟其無國家之觀念，故不能為秩序的結合。夫內亂也，無秩序的結合也，均為有國者之所忌，準之我國今日之時勢，則尤為最忌者也。蓋內亂一次，國本即動搖一次」。〔註51〕要想解決此一問題，民國政府從民族融合入手，形成了民族融合理論及政策。

〔註51〕《大同報》（東京）第五號，1908 年 1 月 1 日。

關於民族融合理論，孫中山提出「漢族當犧牲其血統、歷史與夫自尊自大之名稱，而與滿蒙回藏之人民相見於誠，合為一爐而冶之，以成一中華民族之新主義，如美利堅之合黑白數十種之人民，而冶人一世界之冠之美利堅民族主義，斯為積極之目的也」，〔註52〕「我們要擴充起來，融化我們中國所有各民族，成個中華民族」，〔註53〕「我們國內何止五族呢？我的意思，應該把我們中國所有各民族融成一個中華民族，如美國，本是歐洲許多民族合起來的，現在卻只成立一個美國民族，為世界上最光榮的民族，並且把中華民族造成很文明的民族，越後民族主義乃為完了」，〔註54〕「吾國今日既曰五族共和矣；然曰五族，固顯然猶有一界限在也。欲泯此界限，以發揚光大之，使成為世界上有能力，有聲譽之民族，則莫若舉漢滿等名稱盡廢之，努力於文化及精神之調洽，建設一大中華民族」。〔註55〕

孫中山之民族融合理論，原立足於「滿洲既處於日人勢力之下，蒙古向為俄範圍，西藏亦幾成英國的囊中物，足見他們皆無自衛的能力，我們漢族要幫助他們才是」，〔註56〕「彼滿洲之附日，蒙古之附俄，西藏之附英，即無自衛能力底表徵，然提斯振撥他們，仍賴我們漢族，兄弟現在想得一個調和的方法，即拿漢族來做個中心，使之同化於我，並且為其他民族加入我們組建國底機會，仿美利堅民族底規模，將漢族改為中華民族，組成一個完全底民族國家，與美國同為東西半球兩大民族主義的國家」。〔註57〕對於其民族融合理論，孫中山這樣解釋「吾人既抱此建設大中華民族之志願矣，尤當以正義公道之精神，為弱小者援助，或聯絡引進之，使彼脫離強權，加入自由民族，同受人類之平等待遇，如威爾遜之所謂『民族自決』與新憲法之所謂『民族解放』然，能如此，方得謂達民族主義之極境矣」。〔註58〕

民國時期民族融合理論之集大成者莫過蔣介石。抗日戰爭前後，蔣介石發表大量言論，並最終形成《中國之命運》，對於民族之理論進行系統闡述。蔣介石「秉承」孫中山遺志，「繼承」三民主義和國族思想，將孫中山的民族

〔註52〕 孫中山：《孫中山全集》，第 5 卷，北京：中華書局，1985 年，第 187 頁。
〔註53〕 孫中山：《孫中山全集》，第 5 卷，北京：中華書局，1985 年，第 392 頁。
〔註54〕 孫中山：《孫中山集外集》，上海：上海人民出版社，1990 年，第 29 頁。
〔註55〕 孫中山：《孫中山集外集》，上海：上海人民出版社，1990 年，第 29 頁。
〔註56〕 孫中山：《孫中山全集》，第 5 卷，北京：中華書局，1985 年，第 473 頁。
〔註57〕 孫中山：《孫中山全集》，第 5 卷，北京：中華書局，1985 年，第 474 頁。
〔註58〕 孫中山：《孫中山集外集》，上海：上海人民出版社，1990 年，第 29 頁。

主義思想融入到其民族思想之中，提出將中國各民族融合成一個「大中華民族」，這個「大中華民族」就是「國族」。 1942 年 8 月 27 日，蔣介石在西寧對著漢滿蒙回藏各族士紳、王公、活佛阿訇、千百戶作了題爲《中華民族整個共同的責任》的演講，其在演講中說「我們中華民族乃是聯合我們漢、滿、蒙、回、藏五個宗族組成一個整體的總名詞。我說我們是五個宗族而不說五個民族，就是說我們都是構成中華民族的分子，向兄弟合成家庭一樣。《詩經》上說『本支百世』，又說『豈伊異人，昆弟甥舅』，最足以說明我們中華民族各單位融合一體的性質和關係，我們集許多家族而成宗族，更由宗族合成爲整個中華民族。國父孫先生說：『結合四萬萬人爲一個堅固的民族』。所以我們只有一個中華民族，而其中單位最確當的名稱，實在應稱爲宗族」。〔註59〕其在《中國之命運》一書之中闡述「我們中華民族是多數宗族融合而成的，融合於中融合的方法是同化而不是征服……四海之內，各地的宗族，若非同源於一個始祖，即是相結以累世的婚姻」。〔註60〕

　　民國政府成立後，亦一直致力於民族之團結，力求建設一團結、繁榮、富強之中華民國。因之其於民族之融洽方面，亦相應制定出一系則的政策。民國政府成立後，爲了促進民族之間的融合，蒙藏院提出：蒙漢結婚，原無限制。從前蒙漢人民通婚者時所恒有，可聽其自由。〔註61〕1912 年 4 月 13 日，袁世凱頒佈《勸諭漢滿蒙回藏各族聯姻令》。之後甘肅、新疆地方亦相應出臺相關規定，鼓勵各民族間互通婚姻。只是由於後來西北民族地區情況之變化，兩地相繼廢止民族通婚條例。在經濟上孫中山時期就提出全國鐵路建設計劃，力求融邊疆民族地區經濟與內地沿海爲一體，抗日戰爭爆發前後，國民政府加大西北開發建設力度，以發展西北民族經濟，改善民生，維護地方穩定。在文化方面，民國政府雖則規定各民族在語言文字上的權力，但同時在實際操作過程中，囿於諸多因素不得不在文化方面設置要求。當時學者羅莘田在《推行語政與宗族融合》中就提出利用文化政策以達融合之目的，〔註62〕

〔註59〕張其昀主編：《蔣總統集》第二冊，第 1422 頁，國防研究院、中華大典編印會，1961 年。

〔註60〕蔣介石：《中國之命運》，正中書局，1943 年，第 184 頁。

〔註61〕《蒙藏院呈核議楊紹曾意見書並請於中央蒙藏院設立蒙古王公講習所於蒙地設立講社及獎勵蒙漢結婚各節並批令》，《蒙藏委員會公報》（第 19 期），第 495 頁。

〔註62〕羅莘田：《推行語政與宗族融合》，《邊政公論》第三卷，第一期。

以建立國族之統一文化。〔註63〕

（四）發展理論之與政策

對於中國西北之開發，孫中山在其《事業計劃》中曾經提出「由人滿之省，徙於西北，墾發自然之資源，其普遍於商業世界之利，當極浩大」；〔註64〕修建鐵路，「從利益之觀察，人口眾多之處之鐵路，遠勝於人口稀少之處之鐵路，然由人口眾多之處修築至人口稀少之處之鐵路，其利尤大」；〔註65〕發展畜牧經濟，「此之高原境域，包括西藏、青海、新疆之一部與甘肅、四川、雲南等地方，面積約一百萬方里。附近之地，皆有最富之農產與最大之牧場」，〔註66〕「以科學之方法，改良畜牧，將來必可取阿根廷之地位而代之」；〔註67〕開發西部豐富的礦產資源，「四川、甘肅、新疆、陝西等省，已發現有油源。雖其油量之多寡，未能確實調查。而中國有此種之礦產，不能開採以為自用。以致由外國入口之煤油汽油等年年增加，未免可惜」。〔註68〕

1933 年前後，中日衝突日深，為了應對即將來到的民族危機，國人把目光集中到了西北地區，對於西北地區經濟開發進行了深入研究，並提出了一系則的可行性方案。首先就整體狀況而言，有宋子文《開發西北為整個國家問題》，邵力子《開發西北與甘肅》，郭維屏《開發西北談》，崔蘊山《開發西北之方案》，時伯齊《開發西北與設計問題》，安漢《墾殖西北計劃》等；在礦產資源與工業方面，有趙元貞《開發西北礦產應行注意事項》，才元《西北資源之開發》，崔蘊山《開礦局之設計及計劃》，尹樂心《新疆礦源開發問題》等；在自然資源與農業開發方面，有李積薪、凌道揚《西北「農林計劃」》，謝國澤《開發西北林業計劃書》，顧寶衡《改良西北農業之政策》等；在水利、交通業方面，有丁士源、陳海濱《蒙新青藏之交通開發》，慕少堂《甘肅山水調查記》等。此批學者，深入到西北各地調查研究，針對西北地區的經濟發展所面臨的問題進行深刻的剖析，並且提出了相應的可行性方案，為國民政府西北經濟政策的制定奠定了理論基礎。

1933 年 12 月，國民黨四屆三中全會決議通過《開發西北方案》，1934 年

〔註63〕胡耐安：《邊疆問題與邊疆社會問題》，《邊政公論》第三卷，第一期。
〔註64〕孫中山：《孫中山選集》，北京：人民出版社，1981 年，第 228 頁。
〔註65〕孫中山：《孫中山選集》，北京：人民出版社，1981 年，第 277 頁。
〔註66〕孫中山：《孫中山選集》，北京：人民出版社，1981 年，第 804 頁。
〔註67〕孫中山：《孫中山選集》，北京：人民出版社，1981 年，第 330 頁。
〔註68〕孫中山：《孫中山選集》，北京：人民出版社，1981 年，第 362 頁。

6 月，國民政府全國經濟委員會通過《西北建設實施計劃及進行程序》，1942年，國民政府組織西北工業考察團，1943 年組織西北建設考察團，對西北進行詳細的考察，從交通建設、農業畜牧業、礦山資源及實業等方面加大了對西北地區的投入。

應該說，民國政府成立之後，一直未曾放棄西北民族地區的經濟發展計劃，但是囿於國內戰爭、日蘇侵略，一直未能全力進行經濟建設。同時長時間的戰火，消耗了大量的人力物力，使得民國政府在經濟投入上明顯力不從心。再加上西北地方軍閥的中飽私囊，西北經濟開發的成果大多成了其私有財產，對於廣大民族地區的下層群眾，很少能惠及中央德意。因此上說，民國政府時期，雖則於西北民族經濟開發上進行了紮實的前期工作，制定了一系列的政策法規，但是，由於國內外政治鬥爭的影響，使得其西北民族經濟政策最後流於形式，成為振奮人心的口號和軍閥利用的工具。

第三節　中央與地方之矛盾

一、自治問題

（一）政策追述

民國政府的民族自治理論，前者已經敘及，此不贅述。其民族自治政策大略經歷了以下幾個階段：

1924 年 1 月《國民黨第一次全國代表大會宣言》，宣稱「承認中國以內各民族之自決權」，〔註69〕《國民政府建國大綱》之「對於國內弱小民族，政府當扶植之，使之能自決自治」，1926 年 1 月《關於黨報決議案》「脫離帝國主義的壓迫而獨立」，〔註70〕1926 年 10 月《本黨最近政綱決議案》之「國內各小民族應有自決權利」，〔註71〕1929 年 3 月《蒙藏與新疆決議案》之「於民權主義上，乃求增進國內諸民族自治之能力與幸福，使人民能行使直接民權，

〔註69〕榮孟源：《中國國民黨歷次代表大會及中央全會資料》（上），北京：光明日報出版社，1985 年，第 15～17 頁。

〔註70〕榮孟源：《中國國民黨歷次代表大會及中央全會資料》（上），北京：光明日報出版社，1985 年，第 144 頁。

〔註71〕榮孟源：《中國國民黨歷次代表大會及中央全會資料》（上），北京：光明日報出版社，1985 年，第 283 頁。

參與國家之政治」，〔註72〕1929 年 6 月《關於蒙藏之決議案》之「督促蒙藏人民積極培育自治之能力，完成自治之組織」，〔註73〕1932 年 12 月《慰勉蒙藏來京各員並團結國族以固國基案》之「中央各機關於可能範圍內，應多任用邊地各族人員，以爲訓練其政治能力之機會」。〔註74〕

1935 年 11 月《中國國民黨第五次全國代表大會宣言》提出「國族統一」政策，1938 年 3 月《中國國民黨臨時全國代表大會宣言》再次提出「抗戰獲得勝利，乃能組織自由統一的即各民族自由聯合的中華民國」，〔註75〕1941 年 3 月《關於加強國內各民族及宗教間之融洽團結，以達成抗戰勝利建國成功目的之施政綱領》重新提出「對於邊疆各民族一切設施，應培養其自治能力，改善其生活，扶植其文化以確立其自治之基礎」，〔註76〕1942 年 11 月《對於政治報告之決議案》重申八中全會民族自治之決議，1945 年 5 月《國民黨第六次全國代表大會宣言》之「賦予外蒙、西藏以高度自治之權」，「實現蒙藏各民族之高度自治」，〔註77〕1946 年《對於邊疆問題報告之決議案》之「未來憲法要有保障邊疆民族自治權利的條款，按邊疆民族實際情況規定各地的自治制度」。〔註78〕

（二）政策淵源

民國政府之民族自治政策，表面上看是來自於孫中山三民主義思想和近代西方資本主義民主政治，是中國政治近代化的產物。但是如果從清末追述，後人方能眞正找到中國近代民族自治政策的根本原因。

清朝末年，邊疆民族地區面臨著嚴重的政治危機。沙俄從西、北兩面加緊對新疆、蒙古的侵略，英國從南面進入西藏，兩者都想把所佔區域從中國境內

〔註72〕 榮孟源：《中國國民黨歷次代表大會及中央全會資料》（上），北京：光明日報出版社，1985 年，第 646～647 頁。

〔註73〕 榮孟源：《中國國民黨歷次代表大會及中央全會資料》（上），北京：光明日報出版社，1985 年，第 756～757 頁。

〔註74〕 榮孟源：《中國國民黨歷次代表大會及中央全會資料》（上），北京：光明日報出版社，1985 年，第 183 頁。

〔註75〕 榮孟源：《中國國民黨歷次代表大會及中央全會資料》（下），北京：光明日報出版社，1985 年，第 466～468 頁。

〔註76〕 周崑山：《三民主義邊疆政策》，臺北：中央文物供應社，1984 年，第 45 頁。

〔註77〕 榮孟源：《中國國民黨歷次代表大會及中央全會資料》（上），北京：光明日報出版社，1985 年，第 934 頁。

〔註78〕 李鳴：《中國近代民族自治法制研究》，北京：中央民族大學出版社，2008 年，第 115 頁。

分裂出去。但是由於歷史及民族宗教因素，蒙古、西藏與中央政府有著深厚的歷史淵源，雙方在政治、經濟、宗教、文化等方面存在著千絲萬縷的聯繫。所以若一朝而變兩者爲其殖民地其困難程度可想而知。因而英俄兩國均採取漸次手法，拉攏腐蝕地方民族宗教上層人物，向其灌輸、鼓吹分裂思想。雖則如此，但是囿於清政府之餘威，蒙藏雖有分裂之跡象，卻沒有其生存之空間。

民國政府成立後，其所面臨的局勢遠非清末可比。其一，就其國際環境而言，一戰前後，伊朗、土耳其、印度、中國、埃及、墨西哥等亞非拉國家相繼發生了民族民主運動，其主要目的是民族資產階級領導的反對帝國主義控制和壓迫的民族解放鬥爭。同樣這一場運動也對中國西北、西南、北方的民族產生了影響。印度非暴力不合作運動、土耳其凱末兒主義、蘇俄民族自治政策都在深刻影響著中國邊疆民族地區。再加上清末新政改革，損害了民族地區世俗、宗教上層的利益，引起了這批僧俗上層的不滿。而此時的大清帝國亦非康乾盛世可比，國家權威不時受到來自民族地方的挑戰，統治階級陷入到嚴重的內憂外患之中，政治、經濟、軍事、文化諸方面對於邊疆民族地區的經營明顯力不從心，其控制力開始減弱，這樣就爲這些僧俗上層分裂勢力的活動造就了空間。其二，民國政府成立之後，首先面臨的是爭取國際上的承認，這樣在西北邊疆民族問題之上不得不對英、俄作出一定的讓步，默認帝國主義在中國邊疆的分裂活動。同時，民國政府成立後，國內首先是南北之爭，接著護法運動、護國運動、北洋軍閥之間相互爭戰，一直沒有修養生息的機會，國家經濟、政治、軍事等方面的建設一直無從談起，其對於邊疆民族之政策亦沒有一個連貫性，外憂內患比晚清更甚。其對於邊疆民族地區的控制更多的是依靠對於民族地區僧俗上層籠絡羈縻，而一味羈縻的結果，使得邊疆地區之上層反而走的更遠。其三，民國政府之民族政策，對於廣大下層民眾而言，實不失爲民謀利益，但是其在推行的過程中，首先遇到的是民族地區人才的匱乏，特別是缺少懂得民族地區風土人情、世俗宗教又能對中央的民族政策融會貫通的人才。其所派之人，要麼耀武揚威，一惟高壓，不顧地方實際；要麼整日依附權貴，無所事事，聊以混日。其對地方政策的推行完全依靠地方僧俗上層人士，完全顧不上自己的政治使命。究其原因，還是經濟、軍事後繼建設之不足，缺乏了經濟、軍事的支持，政策的權威性就是無從談起。其四，帝國主義對民國政府民族政策的利用及對民族分裂勢力的支持。英蘇俄等帝國主義國家利用經濟拉攏、軍事支持、政治誘惑

等方法對中國邊疆之民族進行分裂破壞，同時利用民國政府之自治政策，給其分裂中國的圖謀披上合法的外衣。

究民國政府時期自治問題之根本，乃在於民國政府之自治與地方民族所要求之自治（亦即帝國主義影響下之自治）的根本不同。民國政府之自治乃是在國家現代化前提之下的政治、經濟、軍事、文化等國家現代化建設，力求國家政治體制、經濟、軍事等方面的統一，建立起富強民主文明的中華民國，是在國家軍事、外交、人事、經濟等由國家通盤籌劃、統一建設之下的自治，亦即所謂的有限自治，其最後所提出的「高度自治」，亦是最後國內政治鬥爭全盤失敗之後的無奈之舉。而西北民族地區所要求之自治，則是在軍事、外交統一於國家之外，所有權利歸於地方的自治，甚至是完全拋卻國家，謀求分裂的自治。這完全背離了民國政府自治政策的初衷。

表面上看這是中央政府與民族地方分裂勢力的鬥爭，實際上是中華民族與英俄帝國主義分裂中國的鬥爭。而從民國時期西北地區的大的影響全域性事件觀之，其背後無一不有外來力量的干涉。

二、傳統制度改革問題

（一）傳統體制存在之原因

北洋政府時期，在西北民族地區設置一些特別行政區，同時保留原有的盟部旗制度。國民政府時期，撤銷北洋政府在西北民族地區的特別建制，實行統一的省縣制度改革。但同時保留蒙藏地區作為省級特別區域，實行盟部旗與省縣並存的體制。

在《國民政府建國大綱》中，對地方行政體制規定「依照現行制度，各省省政府以下除縣政府外，本不容有他種特殊行政組織，唯邊遠省份或以種族居處太雜，或因土地開發較遲，所有特殊區劃及特殊制度不得不暫時存在自屬事實」，因此國民政府成立以後的一段時間內，西北地區的政治體制相對較為複雜。1947 年 3 月 15 日至 24 日，中國國民黨六屆三中全會通過了《政治改革案》，提出「盟旗與省縣之關係，應請政府斟酌實地情況，及現行法令，妥定調整辦法，予以實施」。〔註79〕因此，在民國政府時期，西北地區傳統的

〔註79〕榮孟源：《中國國民黨歷次代表大會及中央全會資料》（上），北京：光明日報出版社，1985 年，第 1131 頁。

政治體制長期存在。究其原因，概有下則諸端：

　　傳統力量在西北民族地區還相當強大，其爲了維護自身政治經濟利益，謀求盡可能地保留原有的體制制度。民國政府成立之後，在邊疆民族地區所面臨的主要問題是帝國主義及其所影響支持下的邊疆危機。爲了維護邊疆安定，團結邊疆民族，以維護中華民國主權之完整，民國政府不得不在政治上採取多種體制並存的局面。而邊疆民族地區僧俗上層，亦利用邊疆問題與中央政府相互利用，最大程度上地保留原有的統治秩序。

　　中央政府對於西北邊疆民族地區之治理及其相關政策、體制方面之構建尚不完善。政策之制定及執行，均要以一定的環境爲基礎。從民國政府建國之後所制定之政策及成立之機構來看，其大多數還是繼承了清朝的政策及體制，並且根據民國之情況進行了部分的調整。但從當時中國之實際而言，邊疆民族問題的實質則爲帝國主義侵略和分裂中國之政治圖謀所致，因之，一切問題的解決，尚有待於國家政治、經濟、軍事實力的提升。但當時國內卻是戰火連綿，民生疲敝，政治之改良，經濟之發展，軍事之提高無從提起。缺少了國家整體力量的支持，對外邦交亦是舉步維艱。此情之下，民國政府亦不得不暫時維持西北民族地區之狀況，以圖徐徐改進之。

（二）改革之癥結所在

　　民國時期，西北地區存在的傳統政治體制主要有土司制、盟部旗制、政教合一制三種形式。針對此三種形式，民國政府亦採取相應的政治改革。

　　西北民族地區制度之建立健全。

　　民國初期，西北地區先是沿用清朝舊制，保留了西北各鎮總兵、青海辦事大臣、蒙番宣慰使等職官。在西北地區設立甘肅、新疆兩省和阿爾泰特別行政區、「甘邊寧夏護軍使」、「青海辦事長官」等特別行政區，具體管轄阿拉善厄魯特旗、額濟納舊土爾扈特旗以及青海的軍政、民政、司法、外交等地方及民族事務。民國政府任命馬麒爲甘邊鎮守使並蒙番宣慰使，總理甘邊寧海事務及蒙藏民族事宜。1914 年 3 月 22 日，民國政府公佈《寧夏將軍組織行政公署暫行章程》規定：寧夏將軍兼理蒙旗事務；1914 年 7 月，民國政府廢寧夏將軍改設寧夏護軍使，又稱甘邊寧夏護軍使，管轄境內的軍政、民政、司法、外交以及民族等相關事務。1915 年 10 月 3 日，徐世昌發佈大總統令，改青海辦事長官爲甘邊寧海鎮守使，並令青海辦事長官一缺，著即行裁撤，

改設甘邊寧海鎮守使。以青海屬甘，以長官事屬鎮守使。〔註80〕1919 年 6 月 1 日，民國政府發佈大總統令「阿爾泰地方，歸併新疆，改區為道。阿爾泰辦事長官，著即裁撤。所轄區域，歸併新疆省，改設阿山道尹一缺。所有該長官原管之蒙哈事務，均由該道尹循舊接管」。〔註81〕1921 年 7 月，民國政府改寧夏護軍使為鎮守使，由馬鴻賓任第一任鎮守使，節制阿拉善、鄂托克、烏審等地軍務。〔註82〕

1929 年 1 月 1 日，寧夏省成立，阿拉善旗、額濟納旗劃歸寧夏省政府管轄。拉卜楞寺於 1926 年始置設治局，1928 年改設夏河縣。1930 年，南京政府在全國推行省縣兩級制，金樹仁認為新疆「地區遼闊、交通不便、政令難以下達。若無行政長官視察監督，於行政障礙太多，且歷來以沿邊各區行政長兼任交涉以特派員名義與駐地辦理交涉事宜」。〔註83〕南京政府於 1929 年 5 月 5 日第 181 次會議通過「新疆各區行政長暫准存留」。新疆亦改為 8 區 59 縣（一等縣 12，二等縣 14，三等縣 33）。〔註84〕因此在新疆行政體制中存在著省－區－縣－鄉約、回部札薩克盟旗、蒙古盟旗以及哈薩克等游牧民族的部落王公制。1934 年，國民政府頒佈《解決蒙古地方自治問題辦法原則》，成立了直隸於行政院並受中央主管機關指導、總理各盟旗政務的蒙政會，成立盟、旗政府，承認其管轄治理權一仍舊制。但在實際上盟旗有關省縣事宜，仍得與省縣政府協商辦理。

傳統體制改革方案之形成

改土歸流。民國初年，甘肅議會曾提出改土歸流方案，但是遭到各土司「密修兵備，預備抵禦」，不得不提出「選員紳指導土民不再受土司之重疊壓迫，以為自動請求改土歸流之計劃」的緩改方案。但此案亦遭到土司反對，率電政府，要求「注銷前案」。在游牧地區實際上統治地方的仍然是舊有的王公千百戶，他們管理著這些游牧民族的民事、刑事、負差、納稅等行政司法權力。國民政府雖則發出改土歸流，權利歸諸地方之命令，但是在西北地區，卻遭到了來自地方的挑戰。他們提出「請將蒙藏王公千百戶及內地各土司之

〔註80〕 《政府公報》，1915 年 10 月 4 日，第 1224 號。
〔註81〕 《大總統令》（1919 年 6 月 1 日），新疆社科院歷史研究所：《新疆地方歷史資料選輯》，北京：人民出版社，1987 年，第 653 頁。
〔註82〕 吳忠禮：《寧夏近代歷史紀年》，銀川：寧夏人民出版社，1987 年，第 175 頁。
〔註83〕 張大軍：《新疆風暴七十年》，第 2814 頁。
〔註84〕 《新疆通志・民政志》，烏魯木齊：新疆人民出版社，1992 年，第 10 頁。

制度，爲免避封建封號，另易相當名稱。所屬之兵由中央加以改編，發給精械，藉以鞏固國防」。〔註85〕

但是此時的土司及王公、千百戶已非昔日可比，其內部部眾離散，政治、經濟、軍事之影響力已大大減弱，對於西北之民族及邊疆問題之影響也呈現不足輕重之態勢。因而對其之改革已經是勢所難免。

盟旗改制。對於盟旗制度改革，亦遭遇到相似問題。1928 年 12 月，盟旗代表呈准中央：請將蒙古各旗札薩克府一律改稱旗政府，仍以札薩克協理及管旗章京組織之。請在各盟長公署所在地設一參議會，並將各盟長公署一律改稱盟政府，仍用盟長制。〔註86〕

爲了籠絡蒙眾，國民政府提出「中央期於行政統一，畛域之見務須化除。省政府之外，其勢不能再有盟政府、旗政府之設置。至於札薩克協理現管旗章京盟長副盟長之名稱，自宜一仍舊慣」。〔註87〕1931 年之後，蒙古形勢日漸嚴重，國民政府於 1931 年 10 月 12 日公佈了《蒙古盟部旗組織法》，規定蒙古盟部旗組織治理蒙古人，在同一區域內實行蒙漢分治，盟旗涉省、縣事件，應商承省、縣政府辦理；蒙古地方之軍事、外交及其他國家行政，均統一於國民政府；蒙古各盟備兵，札薩克照舊設置。〔註88〕1934 年 3 月 14 日，國民政府公佈《解決蒙古地方自治問題辦法原則》，盟旗地方之組織不予變更，管轄治理權一律照舊，停止放墾蒙荒，不再於盟旗地方增設設置局。其實際上已經停止對於盟部旗制度的改革。直到抗日戰爭勝利後，國民政府方重新提出盟旗改革，但此時又囿於外蒙問題及蘇聯方面的影響，其對盟旗制度之改革一直處於緩慢進展之中。

1946 年 3 月 23 日，蔣介石在《爲匯核修正邊疆各盟旗地方自治方案致國防最高委員會代電》中重申邊疆各盟旗地方自治方案中指出，旗爲地方自治單位，旗以下之參佐制度仍舊。盟設盟政府，盟政府主席由國民政府任命之。

〔註85〕 《青海省土司李承蔭等呈請將土司制度令易名不輕事改革文》，米海萍：《青海土族史料集》，西寧：青海人民出版社，2006 年，第 133～134 頁。

〔註86〕 《呈爲根據蒙古公意條陳革新盟旗制各項辦法伏乞鑒核照准以資推行三民主義政治而防帝國主義侵入事》，馬大正：《民國邊政史料彙編》，第 8 冊，第 182 頁。

〔註87〕 《蒙藏委員會公報》第 1～7 期，第 182 頁。

〔註88〕 《蒙古盟部旗組織法》，《中華民國史檔案資料彙編第五輯第一編政治（五）》，南京：江蘇古籍出版社，1991 年，第 45～48 頁。

盟政府直轄於行政院，不屬於盟政府之旗隸屬於所在地方之省政府。盟、旗有關涉及省縣事宜應與省縣政府協商之。1947年7月，國民參政會四屆三次大會通過《擬具蒙旗地方自治原則案》，同月，蒙藏委員會亦出臺了《蒙古各盟旗地方自治方案草案》二十八條，1949年6月30日，行政院方頒佈准予成立內蒙自治籌備委員會指令。

對於盟旗制度的改革，民國政府，先是受蘇俄之外蒙問題制約，一直未能制定實施，之後日本意欲西進蒙古、新疆，大肆拉攏地方上層，培植分裂勢力，中央政府不得不在改革問題上有所讓步；抗日戰爭勝利前後，蘇聯方面意欲操縱外蒙獨立，蒙古問題並未因為日本戰敗而消失，反而變得更加炙手，因之，中央政府在盟旗改制上勢必難以有所突破；1948年前後，隨著國民政府軍事上的失敗，對於改革問題已無力顧及，因而又不得不在制度上對於地方多有讓步，意圖以之與中共方面相抗衡。

政教合一制度改革方面，國民政府受到西藏問題的制約，一直難以全面展開，不得不借助於地方力量來推行，達到既成事實，然後由政府方面後繼政策跟進，最終完成體制之改革。在卓尼、拉卜楞地區，其改革進展的步驟亦大略如是。在地方政治發生變動之後，借機進行改革，成立過度性組織，然後在進行縣治改進。但是由於政府在這些地區力量之薄弱，以及後來之政治、經濟、軍事、文化等方面無力跟進，使得這些地區的改革實際上流於形式，地方上政治權利還是為傳統之力量所控制。

究民國政府西北體制改革之癥結，問題主要集中於以下幾點：

在改制過程中，其阻力主要來自土司、札薩克王公、政教合一制度之頭人方面，他們為了維護自身利益，極力借助於各種力量來與中央相抗衡。對於中央政府而言，怎樣安置這一批既得利益階層事關改制之成敗。但是中央政府由於政治經濟力量薄弱，未能很好地處理好這一批利益集團。同時其對於西北地區之控制相對較弱，甚至有些地區實際上已是呈現游離狀態，這在一定程度上影響著中央政府政策之制定及落實。這樣中央與民族地方之間的權利之爭就是勢所難免。

其次，在西北民族地區政治體制改革過程中，對於下層民眾力量的運用亦是改革成功的關鍵所在。在土司制度改革的過程中，由於廣大部民的支持，使得其改制得以順利進行，哈密地區的改制亦是在此種情況之下順利推行。

然而在游牧及偏遠地區，中央之控制力相對薄弱，地方下層民眾只知道有王公、頭人、活佛而不知有中央，中央的惠民政策很少能爲下層民眾所知道和理解。因之頭人及活佛影響著他們的一切，在阿拉善改制過程中，小三爺事件就很好地說明了這一問題，沒有下層民眾的支持，只是依靠軍閥及地方政府，改革很少能夠取得預期成效。

最後，眞正影響到西北民族地區體制改革的因素還是外在力量的干涉。盟旗制度改革先後受制於蘇俄和日本，政教體制的改革受制於西藏問題，而西藏問題的背後是英國對中國內政的干涉。弱國無外交的政治法則，使得民國政府在西北地區政治體制改革上亦多方受制於人，未能放開手腳，全面進行民族地區的現代化改革。

第四節　民族與國家之調適

一、種族、宗族、國族之與民族

種族又稱人種（race），其定義尚未統一，概而言之，有以下諸種：種族是基於共同血緣的人們的地域群體，這種血緣關係在身體外表有著許多類似的特徵；〔註89〕種族是指有同一起源並在體質形態上具有某些共同遺傳特徵的人群；〔註90〕人種是一種以具有一定性狀的、可以遺傳相承的體質特徵俄日依據的人類主要區分。〔註91〕民族（nation）是一個歷史的範疇，具有多種含義，一般泛指歷史上形成的、處於不同發展階段的各種人們共同體。國內一直沿用的是斯大林「人們在歷史上形成的一個有共同語言、共同地域、共同經濟生活以及表現於共同文化上的共同心理素質的穩定的共同體」定義。〔註92〕種族（race）屬於生物學、體質人類學上的術語，〔註93〕主要是自然科學，特別是生物科學研究的對象，而民族所涉及的則是人類的社會文

〔註89〕〔蘇聯〕尼·切博克薩羅夫、伊·切博克羅娃：《民族、種族、文化》，北京：東方出版社，1989 年，第 110 頁。

〔註90〕覃光廣等主編：《文化學辭典》，北京：中央民族大學出版社，1988 年，第 8 頁。

〔註91〕吳澤霖：《人類學辭典》，上海：上海辭書出版社，1991 年，第 570 頁。

〔註92〕斯大林：《斯大林全集》，第 2 卷，北京：人民出版社，1953 年，第 294 頁。

〔註93〕〔美〕H.J.德伯里著，王民等譯：《人文地理》，北京：北京師範大學出版社，1988 年，第 115 頁。

化群體（ethnic group）與生態環境（包括自認生態和文化生態環境）之間的互動關係，它主要以社會科學爲研究對象。〔註94〕

宗族之概念，呂思勉認爲「宗指的是親族之中奉一人爲主，族指凡血緣有關係之人」，〔註95〕日本學者石川榮吉認爲，宗族是一個以自己爲中心的，概念一般是從自己出發包括父母雙方，並向兩面展開的親族範疇。〔註96〕美國學者基辛認爲，宗族是由血親和姻親組成，祖父母的同胞的後代，爲了一定的目的可能也被包括在宗族範圍內。〔註97〕國內學者鄭杭生認爲「所謂宗族，即同宗同族，指有著共同祖先或同一父親，因而使用同一姓氏的人們。其成員的聯繫可以延續數代、數十代，甚至近百代」。〔註98〕

在西方學者語彙中，「nation」與「國家」概念是緊密相連的，它是「一個橫向和縱向聯繫上的一體化的、擁有固定領土的群體，它是以共同的公民權利和一種（或多種）共同的集體情感爲特徵的」，〔註99〕1924年，孫中山在《民族主義第一講》中建議把「nation」表述爲「國族」，「民族主義就是國族主義」。國族主義之思想，最早見諸梁啓超《政治學大家伯倫知理學說》一文「吾中國言民族者，當於小民族主義之外，更提倡大民族主義」，要「合漢、合滿、合回、合苗、合藏，組成一個大民族」，〔註100〕晚清學者楊度亦認爲「不僅中國久已無滿、漢對峙之名，亦無蒙回藏之名詞，但見數千年混合萬種之中華民族，至於彼時而更加偉大，更加發達而已矣」。〔註101〕

「國族固然是民族，但並不是一般意義上的民族，而是與國家結合在一起並取得國家形式的民族，具有突出的政治屬性」，「國族不是人類群體自然發展而形成的，而是政治構建的產物」。〔註102〕孫中山國族概念的提出是爲解決國內民族與國家之間的二元關係而提出的制度構建，力圖解決民族與國家之間的

〔註94〕林耀華：《民族學通論》，北京：中央民族出版社，1990年，第56頁。

〔註95〕呂思勉：《中國制度史》，上海：上海教育出版社，1985年，第371頁。

〔註96〕〔日〕石川榮吉：《現代文化人類學》，北京：中國國際廣播出版社，1988年，第96頁。

〔註97〕〔美〕R.M.基辛：《文化‧社會‧個人》，瀋陽：遼寧人民出版社，1988年，第205頁。

〔註98〕鄭杭生：《社會學概論新編》，北京：中國人民大學出版社，2003年，第73頁。

〔註99〕A.D.Smith，寧騷譯：《民族主義的理論》，《民族譯叢》，1986年第1期。

〔註100〕梁啓超：《飲冰室合集（第二冊）》，北京：中華書局，1989年。

〔註101〕劉晴波主編：《楊度集》，長沙：湖南人民出版社，1986年，第369頁。

〔註102〕周平：《民族國家與國族建設》，《政治學研究》，2010年第3期。

矛盾，使二者之間達到和諧的統一。在國族構建之中，要解決的根本性問題是「存異求同」，即要建立國族文化，強化國族意識，統一國族身份。孫中山正是認識到「中國人的團結力，只能及於宗族而止，還沒有擴張到國族」，因而提出「民族主義就是國族主義」的思想。〔註103〕但是在民國初期，中國國際地位一落千丈，民族自豪感全然皆無；內部軍閥混戰，政治動盪，使得國人對政府喪失信心；經濟方面亦少有建樹，民生之改善更是無從談起；文化上，始終未能構建起有影響的主導思想，各種思想潮流激盪與社會各個階層。國家權威性始終受到來自地方的挑戰，國族之構建處於舉步維艱狀態之中。抗日戰爭爆發後，中國境內各個民族都面臨著被奴役的危險，此局之下，全國各族人民同仇敵愾、共赴國難，爲國族之構建提供了外在動力，因此，蔣介石提出

「我們中華民族乃是聯合我們漢、滿、蒙、回、藏五個宗族組成一個整體的總名詞。我說我們是五個宗族而不說五個民族，就是說我們都是構成中華民族的分子，像兄弟合成家庭一樣。《詩經》上說『本支百世』，又說『豈伊異人，昆弟甥舅』，最足以說明我們中華民族各單位融合一體的性質和關係，我們集許多家族而成宗族，更由宗族合成爲整個中華民族。國父孫先生說：『結合四萬萬人爲一個堅固的民族』。所以我們只有一個中華民族，而其中單位最確當的名稱，實在應稱爲宗族」。〔註104〕「中國五千年的歷史，則爲各宗族共同的命運記錄，由共同之記錄，構成了各宗族融合爲中華民族，更由中華民族，爲共禦外侮以保障其生存而造成中國國家的舊有的歷史」。〔註105〕意欲通過宗族的血緣關係重新構建中國的「國族」。

二、國人關於民族與國家之理解及構建

（一）學界之闡釋

民國政府關於國族、宗族、民族之思想出現之後，社會各屆紛紛著述表達對其之理解及政治構想。周昆田在《三民主義之邊政建設》中提出「本黨

〔註103〕曹錦清選編：《民權與國族——孫中山文選》，上海：上海遠東出版社，1994年，第2頁。
〔註104〕張其昀主編：《蔣總統集》第二冊，國防研究院、中華大典編印會，1961年，第1422頁。
〔註105〕蔣介石：《中國之命運》第一章，1944年3月，總集卷四，南京，正中書局，1943年，第5～6頁。

之三民主義，於民族主義上，乃漢滿蒙回藏人民密切的團結，成一強固有力的國族」，「中央於民族主義上，以各民族一律平等爲基點，進求融洽其文化習俗，消弭狹隘之民族界限，而完成大中華民族之建設」；〔註106〕國民黨第一次全國代表大會對邊政之決議案中亦提到「尊重各民族之宗教信仰及優良社會習慣，協調各民族之情感，以建立國族統一之文化」，衛惠林在《邊疆文化建設區站制度擬議》中提出「戰後中國新文化必須由國族更大的融合」，「民族的融合和同化，必須以語言、文字、教育制度、生活習俗之互相接近，互相採借，乃至互相合流，婚姻之互通、經濟的合作爲基礎」。〔註107〕羅莘田在《推行語政與宗教融合》中提出「藉著語言研究、傳習與溝通」，〔註108〕以促進國族的融合。胡耐安在《邊疆問題與邊疆社會問題》中亦提出消弭各民族各宗族之間隙礙，以促進國族之統一。〔註109〕

對於民國政府國族、民族、宗族主義之思想，當時國內亦有一批學者持不贊同之態度。衛惠林在《如何確立三民主義的邊疆民族政策》中提出

> 三十年來在政治家與學者中間流行著一種似是而非的理論，即民族一源論與邊族否定論，由若干淺薄的歷史考證來說明邊疆民族之與漢族同源，以證明邊族否定的統一同化政策之合理性。無論國內民族是否改稱宗族，或從歷史考證上是否可以證明少數民族與漢族同源，我們的民族主義，應建立於文化政治的觀點上，以促進民族的融合與文化的綜合發展爲目的，以往的『我聞用夏變夷者，未聞變與夷者也』的偏狹的思想，應予放棄。修正同化政策與統一主義爲融合政策。〔註110〕

在《邊疆自治與文化》座談會中凌純聲提出邊疆文化不是同化、漢化，而是現代化；馬長壽主張邊區自治，反對民族自治；周昆田也否認同化，推行現代化。〔註111〕由此可見，學術界在當時對於民國政府於國族、宗族、民族問題上尚存有不同觀點，但在國族問題及其構建上尚無大的異議。

〔註106〕周昆田：《三民主義之邊政建設》，《邊政公論》，第一卷，第一期。

〔註107〕衛惠林：《邊疆文化建設區站制度擬議》，《邊政公論》，第二卷，第一、二期。

〔註108〕羅莘田：《推行語政與宗教融合》，《邊政公論》，第三卷，第一期。

〔註109〕胡耐安：《邊疆問題與邊疆社會問題》，《邊政公論》，第三卷，第一期。

〔註110〕衛惠林：《如何確立三民主義的邊疆民族政策》，《邊政公論》，第三卷，第十二期。

〔註111〕《邊疆自治與文化》，《邊政公論》，第六卷，第二期。

　　學術界對於三者之發幽在某種程度上也反映著民國政府在此一問題上的方略。一方面，民國政府在憲法和法律以及各種文件、宣言中明確指出國內各民族無分大小一律平等，政府在相當長的時間內對於國內之弱小民族扶植之，使之能自治自決；而另一方面，在實際執行過程中確實行民族融合、同化的政策，否認各個民族的存在，以圖構建統一的國族。如若單就政策與執行層面觀之，兩者之間似乎存在著某種矛盾。但若聯繫當時中國的國內外環境，這一現象就有了一個合理之闡釋。

（二）民族地區之理解

　　對於民國政府關於宗族、民族與國族政治體制的構建，得到了民族地區僧俗上層人士的支持。在大國禪師呼圖克圖敏珠呈文中提出「佛教本三昧之真諦渡一切之迷津，博愛精神普渡群倫實與先總理之救國救民的三民主義若合符節，其旨相同。故將各主義綱領次第譯成蒙藏文語帶往各寺從事宣傳。使所有教徒均有認識黨的途徑、革命的意義，將不難成為三民主義的新教徒」。〔註 112〕大國師章嘉呼圖克圖在《漢蒙文三民主義問答》中對民族主義進行解釋「民族主義，一方面連結我們自己的民族，在一條戰線上，抵抗外來的民族的侵略壓迫，使中國民族，得自由獨立於世界；另一方面，連結我們自己的民族，積極的為民族利益而奮鬥」。〔註 113〕

　　對於民國政府宗族政治的構建，西北地區回族世俗、宗教上層亦紛紛表示支持。

　　對於蔣介石的宗族主義思想，馬步芳解釋「漢回蒙藏，只有一種宗教上的區別，大體上說，我們都是中華民族，宗教只不過是一種私人立場的信仰罷了」。〔註 114〕馬鴻逵認為：宗教是宗教，民族是民族，不能混為一談，中國的人民，因信仰自由，信仰了回教，仍是中華民族，並不因信仰而變為阿拉伯民族，這正好比中國人信仰佛教、信仰耶教，並不能因信教而變為印度人、猶太人。〔註 115〕「回教是一種宗教而不是一種種族，如果謂回教即為回族，那就錯誤太大了」，「現在除了新疆的纏回係真正之回族而外，其他國內各地

〔註 112〕《呈為呈請仰祈鑒核施行事》，《蒙藏委員會公報》，第五～六期。
〔註 113〕《漢蒙文告諭蒙人通知書》，《蒙藏委員會公報》，第七期。
〔註 114〕《馬主席對省垣各中小學校全體教職員學生訓詞》，《青海省政府公報》，第 69 期，1938 年 7 月，第 87 頁。
〔註 115〕馬鴻逵：《西北兩大問題》，寧夏省政府秘書處印行，1934 年，第 14～15 頁。

教民均係由中國原有而信奉回教者」。〔註116〕

（三）現實的窘境

國族構建中，要解決的根本性問題是「存異求同」，即要建立國族文化，強化國族意識，統一國族身份。在文化構建方面，民國政府在民族地區設立學校，中央給予財政上的大力支持，並且制定優惠政策，鼓勵和吸引邊疆地區少數民族人才到內地就學。但是事實卻是邊疆地區有限的幾所院校，並沒有從根本上改變西北民族地區文化落後的狀況，到內地就學者所佔之比例幾微乎其微，在民族地區學校所聘用教師、開設課程、生源教導上亦未能很好的與當地實際相結合。而其借助於政治力量的國族文化建設明顯未能與民族地區的文化相融合，遭到了來自地方上的抵制，這一現象在新疆後期表現的尤為明顯。

對於國族意識，西北地區的實際情況是，廣大邊遠地區的民族群眾往往是只知道有活佛、頭人、王公，而很少知道中央。至於中央對於邊疆民族地區的種種優遇，更是很少為下層民眾所知曉和享受。因此造成了邊疆地區國族意識的淡漠。再加上英、俄長期的侵略分化，宗教上的利誘拉攏，使得這一傾向更加嚴重。最為關鍵的是，民國政府時期未能在西北邊疆民族地區建立起有效的政治統治，其雖然提出了西北民族地區政治體制構建的方案，但是囿於國力及內外因素，這一政治改革計劃未能得到很好的實施，廣大西北民族地區實際上還是處於舊有的宗法制度控制之下。

文化建設與政治建設的不同步，國族意識的淡漠，國內政治、經濟、軍事方面又相對滯後，長期的戰爭影響，都從各個方面制約著民國政府在國家與民族問題上的構建與實施，並進而影響著西北國防的穩定。

三、民族政策之與邊疆政策

民國時期，邊政學肇始於「九‧一八」之後，國內大學有少數設立邊政學系，抗戰後，中央政治學校邊疆學校特設邊政專修科，蒙藏委員會亦專門開蒙藏政治訓練班。邊政之問題由是日漸走入國人的視野。邊政學之提出由吳文藻先生總其大成，吳先生在《邊政學發凡》中提出「邊政學就是研究關

〔註116〕馬鴻逵：《宗教與國家演詞》，《馬氏族譜‧藝文集》，甘肅省圖書館館藏，第11～12頁。

於邊疆民族政治思想、事實、制度及行政的科學」，「研究邊疆政治，必先考察邊疆民族，這是邊政學的特質」，「（其內容）含思想、事實、制度及行政」四部分。〔註117〕民族政策作爲邊疆政策的一個主要方面，成爲了邊政構成的重要組成部分。

　　民國政府時期，其在民族問題上最終是構建其「國族」之政治理念，促使中華民族大的統一體的形成，因此，其在民族政策與邊疆政策上勢必就要有所取捨。其邊政思想之成因，概有下則諸因。

　　其一，列強侵略之下嚴重的邊疆危機。民國以來，其在西北邊疆地區面臨的首要問題是帝國主義支持之下的民族分裂活動，以及其所導致的邊疆領土的喪失。外蒙在蘇聯干涉之下，逐漸獨立於中央政府之外，內蒙在日本影響之下亦與中央漸行漸遠，西藏問題江河日下，新疆問題始終受制於蘇聯，民族分裂勢力不時出現。此情之下，中央政府所面臨的首要問題是怎樣保有國土，其次方爲民族問題，雖然民族問題是解決這些問題的關鍵，但是如若領土不保，則民族之政策將有何施。因此民國政府統治時期，從中央到地方以及學界之中，鮮有民族政策之論調，更多的是以邊疆政策爲出發點，以邊政促民政，最終解決西北邊疆所面臨的問題。

　　其二，國內外政治鬥爭的結果。1922 年 7 月，中國共產黨第二次全國代表大會在宣言中對於中國蒙古、西藏、新疆的處理作出如下論述：

　　　　聯邦的原則在中國各省市不能採用的。至於蒙古、新疆、西藏等處則不然：這些地方在歷史上爲各個民族永久聚居的區域……一方面免除軍閥勢力的膨脹，一方面又因尊重邊境人民的自主，促成蒙古、西藏、回疆三自治邦，再聯合成爲中華聯邦共和國，才是眞正民主主義的統一。〔註118〕

1923 年 6 月，中國共產黨第三次全國代表大會通過的《中國共產黨黨綱草案》第八條提出「西藏、蒙古、新疆、青海等地和中國本部的關係由該民族自決」。〔註119〕1924 年「蒙古人民共和國」成立後，陳獨秀發表言論，對於蒙古問題

〔註117〕吳文藻：《邊政學發凡》，楊聖敏、良警宇主編：《中國人類學民族學學科建設百年文選》，北京：知識產權出版社，2009 年，第 76～80 頁。

〔註118〕中共中央統戰部：《民族問題文獻彙編》，北京：中共中央黨校出版社，1991年，第 17 頁。

〔註119〕中央檔案館編：《中國共產黨第二次至第六次全國代表大會文件彙編》，北

作出如下陳述：

> 蒙古人願意國力中國與否，我們應該尊重他們的自決權。用不
> 著鼓動，我們也不曾鼓動過這個，我們之反對一班人否認蒙古人民
> 的自決權，硬說蒙古是中國的藩屬，主張軍閥政府出兵收蒙；因此
> 我們主張蒙古人根據民族自決權，有獨立反抗的權利。〔註 120〕

此一階段中國共產黨方面的政策與當時的國際環境有著密不可分的關係。在
中國共產黨成立初期，各方面都深刻受著第三國際和蘇聯方面的影響，而操
縱第三國際的決定性因素亦為來自蘇聯方面的力量。因此在民族政策之上，
中國共產黨方面更多的是以蘇聯方面的經驗政策為基礎，形成了與中國國民
黨方面民族融合相左的聯邦制民族自決政策。

1927 年，中共中央臨時政治局擴大會議在民族政策方面形成了新的決
議「中國共產黨認為必須宣佈承認內蒙古民族有自決的權利，一直到分裂國
家，並且要極力贊助內蒙國民革命黨力爭自決的鬥爭」，〔註 121〕1928 年中
國共產黨六大之後在針對內蒙的指示中認為，如果說「內蒙的運動在民族運
動上說是很有革命意義的，我們應當積極領導，並作廣大的『民族獨立『宣
傳以喚起內蒙民族的獨立運動」，〔註 122〕1929 年 1 月，《共產黨宣言》在民
族問題上提出「統一中國，承認滿、蒙、回、藏、苗、瑤各民族的自決權」，
〔註 123〕1930 年 5 月，《〈中華蘇維埃共和國國家根本法（憲法）大綱〉草案》
在民族方面提出「徹底地承認並且實行民族自決，一直到承認個小民族有分
離國家的權利。蒙古、回回、苗族、高麗人等凡是居住於中國地域的這些弱
小民族，他們可以完全自由決定加入或脫離中國蘇維埃聯邦」，可以完全自
願地建立自己的自治區域，〔註 124〕但同時在《關於中國境內民族問題的決

京：人民出版社，1981 年，第 56 頁。

〔註 120〕陳獨秀：《我們的回答》，中共中央統戰部：《民族問題文獻彙編》，北京：中
共中央黨校出版社，1991 年，第 60 頁。

〔註 121〕《中共中央臨時政治局擴大會議關於中國共產黨土地問題黨綱草案》（1927
年 11 月），中共中央統戰部：《民族問題文獻彙編》，北京：中共中央黨校出
版社，1991 年，第 83 頁。

〔註 122〕《中共中央致內蒙特支指示信》（1928 年 10 月 23 日），中共廣西壯族自治區
委員會黨史研究室編：《中國共產黨與少數民族人民的解放鬥爭》，北京：中
共黨史出版社，1999 年，第 50 頁。

〔註 123〕《中國共產黨紅四軍軍黨部「共產黨宣言」》，中共中央統戰部：《民族問題
文獻彙編》，北京：中共中央黨校出版社，1991 年，第 97 頁。

〔註 124〕《關於中國境內少數民族問題決議案》，中共中央統戰部：《民族問題文獻彙

議案》中提出「中華蘇維埃共和國的目的是建立一個沒有民族界限的國家，是在消滅一切民族間的仇視和成見」。〔註125〕

　　「九‧一八事變」，日本開始西進，利用民族「自治」、「自決」的口號相誘惑，圖謀進一步地分裂中國。此後，中國共產黨在民族問題上逐漸扭轉了前一時期的宣傳。在《八一宣言》中，就不再言及民族自決權和分離權問題。1935 年 12 月的《中華蘇維埃中央政府內蒙古人民宣言》和 1936 年的《中華蘇維埃中央政府回族人民宣言》中宣佈，由於日本帝國主義的入侵而面臨生死存亡的蒙回兩個民族，在共同抗日反蔣之後，將給予其獨立。西安事變後，中共方面於 1937 年 4 月發佈《國民黨三中全會後我們的任務》，在其中宣佈「恢復孫中山先生的三民主義，繼續孫中山先生的革命的精神」，〔註126〕1937年 8 月 12 日，中國共產黨做出如下指示「在民族自決，民族自治，共同抗日的口號之下，組織與武裝全體韓民、蒙民、回民參加抗戰」，〔註127〕之後在1937 年 8 月的《十大綱領》之中，民族自決權業已不再包含獨立成分。隨著形勢的變化，民族自決也漸漸從相關文獻中淡出，國共兩黨在民族問題上，由於日本侵略所造成的嚴重的民族危機而逐漸存異趨同。1938 年 10 月，毛澤東在《論新階段》中提出了「當前的第十三個任務，就在於團結各民族為一體……各民族與漢族有平等的權利」，〔註128〕1940 年 1 月，毛澤東發表《新民主主義論》，再次重申了中華民族這一觀念。1945 年 4 月毛澤東在中共七大《論聯合政府》中提出「承認中國以內各民族之自決權，於反對帝國主義及軍閥革命獲得勝利以後，當組織自由統一的中華民國」。〔註129〕1949 年《中國人民政治協商會議共同綱領》於民族政策上做如下之表述「中華人民共和國境內各民族一律平等，實行團結互助……反對大民族主義和狹隘的民族主

編》，北京：中共中央黨校出版社，1991 年，第 123 頁。

〔註125〕《關於中國境內少數民族問題決議案》，中共中央統戰部：《民族問題文獻彙編》，北京：中共中央黨校出版社，1991 年，第 170～171 頁。

〔註126〕《國民黨三中全會後我們的任務——中央宣傳部宣傳大綱》（1937 年 4 月 3日），中央統戰部、中央檔案館編《中共中央抗日民族統一戰線文件選編（中）》，北京：檔案出版社，1985 年，第 442 頁。

〔註127〕《中共中央關於抗戰中地方工作的原則指示》，中央檔案館：《中共中央文件選集 第 10 冊 1936～1938 年》北京：中央黨校出版社，1985 年，第 315 頁。

〔註128〕《國民黨三中全會後我們的任務》，中央檔案館：《中共中央文件選集 第 10冊 1936～1938 年》北京：中央黨校出版社，1985 年，第 175 頁。

〔註129〕毛澤東：《論聯合政府》，

義」。〔註130〕

對於中國共產黨在民族問題上在不同階段的表述，1949年10月10日中共中央就第二野戰軍的前線黨委會所作的指示，對其作出了詳盡解釋：

今天，不強調各少數民族的自決。在過去內戰時期，爲了反對國民黨的反動統治，強調過少數民族自決權，這在當時是完全正確的。但是現在的情況發生了變化。國民黨的反動統治被徹底打垮，新中國的領導者站了起來。完成了我國統一的偉大目標，爲了反對帝國主義及其走狗分裂中國民族團結的陰謀，我們不再強調對國內少數民族的『民族自決『的口號。〔註131〕

由是可知國共雙方在民族與國家關係問題上長期以來都存在著分歧，分歧的根本因素離不開政治鬥爭的需要。爲了同蘇聯方面的民族政策與中共方面的民族政策相抗衡，國民黨方面提出宗族、國族等融合政策，儘量避免其受到蘇聯及中共方面的干擾。因此在政策之表現上，國民政府強調邊政建設，以之來弱化民族意識，強化國族觀念。但無論其表現形式若何，其最終的核心內容還是圍繞著民族問題而展開的。

〔註130〕 韓劍飛編著：《中國憲政百年要覽 1840～1954》，太原：山西人民出版社，2008年，第426頁。
〔註131〕 中國社會科學院編：《中國共產黨新聞工作文件彙編（上）》，北京：新華出版社，1980年，第407～408頁。

主要參考文獻目錄

一　檔案、公報

1. 第二歷史檔案館《中華民國史檔案資料彙編》，南京：江蘇古籍出版社，1991年。

2. 第二歷史檔案館《中華民國檔案資料彙編》，南京：江蘇古籍出版社，1979年。

3. 第一歷史檔案館《清代中俄關係檔案史料選編》，北京：中華書局，1979年。

4. 第二歷史檔案館《馮玉祥日記》，南京：江蘇古籍出版社，1992年。

5. 第二歷史檔案館《國民黨政府政治制度檔案史料選編》，合肥：安徽教育出版社，1994年。

6. 第二歷史檔案館　行政院檔案（孝渝邊字）第5805號，政二（2），34，16J-1381。

7. 中央檔案館編《中國共產黨第二次至第六次全國代表大會文件彙編》，北京：人民出版社，1981年。

8. 中央統戰部、中央檔案館編《中共中央抗日民族統一戰線文件選編》，北京：檔案出版社，1985年。

9. 中央檔案館《中共中央文件選集第10冊1936～1938年》，北京：中央黨校出版社，1985年。

10. 中央檔案館《中共中央文件選集》，北京：中央黨校出版社，1991年。

11. 中央檔案館、陝西省檔案館《中共中央西北局文件彙集・一九四三（二）》，中央檔案館、陝西檔案館，1994年。

12. 中國藏學研究中心《元以來西藏地方與中央政府關係檔案史料彙編》，北

京：中國藏學出版社，1994 年。

13. 王遠方等編著《災難檔案》，北京：中國少年兒童出版社，2001 年。

14. 〔日〕外務省外交史料館藏，JACAR 系統查詢編碼 B0203540000，B04012396100，B04012550400，B04012550300，B04012985200，B04012543400，B04012550400，B04012550400，B02030558900，B04012550500，B04012550300。

15. 〔日〕防衛省防衛研究所藏，JACAR 系統查詢編碼 C03024894800，C03022435700，C03022436400，C03025355100，C01004346900，C04120639500。

16. 〔俄〕莫斯科中央國家軍事史檔案館，全宗 2000，案卷 3，案卷 669.

17. 〔英〕大英圖書館印度事務部檔案，L／P&S／12／73，第 50 號，第 488 號。

18. 〔俄〕俄羅斯聯邦國家檔案館中國問題諮詢處全宗，目錄 32-a，第 299 箱，案卷 11，第 1～18 張。

19. 〔俄〕俄羅斯聯邦對外政策檔案館：全宗 0／100，目錄 4，總卷 102，案卷 5，第 48 張；全宗 8／08，目錄 16，總卷 162，案卷 117，第 9 張。

20. 〔俄〕俄羅斯國家檔案館，全宗 9401，目錄 2，案宗 105，第 240 頁。

21. 第二歷史檔案館，787-1832，787-13797，787-4746，787-12781。

22. 甘肅省檔案館，88-1-6 ，88-1-25，15-7-235，15-3-453，15-3-455，15-3-454。

23. 新疆檔案館藏，政 2-2-989，外 1-2-438，政 2-2-1025。

24. 伊犁州檔案館，全宗 11，目錄 1，卷號 114，頁碼 139。

25. 甘肅檔案館稿藏，《馬仲英事略》，全宗號 12、目錄號 1—1、案卷號 506。

26. 《臨時政府公報》，第 52 號。

27. 《政府公報》（北洋政府），第 103 號，第 113 號，第 144 號，第 254 號，第 744 號，第 1224 號，第 1618 號，第 1634 號，第 2574 號，第 2639 號。

28. 《國民政府公報》，第 2 號，第 2830 號。

29. 《甘肅省政府公報》，第 492 期。

30. 《青海省政府公報》，第 69 期，第 70 期。

31. 《蒙藏委員會公報》，第 1～7 期，第 19 期，第 21 期。

32. 《行政院公報》，第 287 號，第 5805 號，政二（2），34，16J-1381。

二　彙編、叢書

1. 中國社會科學院編《中國共產黨新聞工作文件彙編》，北京：新華出版社，1980 年。

2. 中共中央統戰部《民族問題文獻彙編》，北京：中共中央黨校出版社，1991年。

3. 榮孟源《中國國民黨歷次代表大會及中央全會資料》，光明日報出版社，1985年。

4. 薛銜天編《中蘇國家關係史料彙編（1945～1949）》，北京：社會科學出版社，1997年。

5. 美國政府出版局《美國對外關係文件》，1945年，第7卷。

6. 新疆三區革命史編纂委員會《新疆三區革命大事記》，烏魯木齊：新疆人民出版社，1994年。

7. 新疆三區革命史編纂委員會《新疆三區革命史》，烏魯木齊：民族出版社，1998年。

8. 秦孝儀《中華民國重要史料初編》，臺北：文物供應社，1981年。

9. 《日本軍國主義侵華資料長編》，成都：四川人民出版社，1987年。

10. 中國國民黨浙江省黨部《中國國民黨歷屆全國代表大會宣言集》，中國國民黨浙江省黨部，1938年。

11. 中共寧夏回族自治區委員會黨史研究室《海固回民起義與回民騎兵團》，銀川：寧夏人民出版社，1991年。

12. 李興華、馮今源《中國伊斯蘭教史參考資料選編》（1911～1949），銀川：寧夏人民出版社，1985年。

13. 米海萍《青海土族史料集》，西寧：青海人民出版社，2006年。

14. 程道德《中華民國外交史資料選編（一）》，北京：北京大學出版社，1988年。

15. 榮孟源《中國國民黨歷次代表大會及中央全會資料》，北京：光明日報出版社，1985年

16. 甘肅省圖書館《西北民族宗教史料文摘》，甘肅省圖書館，1984年。

17. 甘肅省圖書館《甘肅伊斯蘭教史料文摘》，甘肅省圖書館，1980年。

18. 《中華民國史料外編》，桂林：廣西師大出版社，1995年。

19. 張黎暉、蔣原環、王文彬、岳宏、張茂鵬：《北洋軍閥史料‧黎元洪卷》，天津：天津古籍出版社，1996年。

20. 新疆社科院歷史研究所《新疆地方歷史資料選輯》，北京：人民出版社，1987年。

21. 中國社會科學院近代史研究所中華民國史研究室編《中華民國史資料叢稿》，北京：中華書局，1986年。

22. 沈雲龍主編：《近代中國史料叢刊》，第四輯，臺北：文海出版社，1983年。

23. 薛銜天等編著《中蘇國家關係史料彙編》，北京：中國社會科學出版社，1993 年。

24. 程道德等編著《中華民國外交史料選編（1913～1919）》，北京：北京大學出版社，1985 年。

25. 李念萱：《中俄關係史料——新疆邊防》，中央研究院近代史研究所，1961 年。

26. 林開明等《徐世昌》，天津：天津古籍出版社，1996 年。

27. 許廣智、達瓦《西藏地方近代史料選輯》，拉薩：西藏人民出版社，2007 年。

28. 孫瑞芹譯《德國外交文件有關中國交涉史料選譯》，第 1 卷，北京：商務印書館，1960 年。

29. 陸純素《袁大總統書牘彙編》，上海：上海廣益書局，1914 年。

30. 《清季外交史料》，光緒朝，臺北：成文書局，1968 年。

31. 故宮博物院《清代外交史料》，道光朝二，臺北：成文書局，1968 年。

32. 馬塞北《清實錄穆斯林資料輯錄》銀川：寧夏人民出版社，1988 年。

33. 新疆三區革命史編纂委員會編《新疆三區革命大事記》，烏魯木齊：新疆人民出版社，1994 年。

34. 馬大正等主編《民國文獻資料叢編》，北京：國家圖書出版社，2009 年。

35. 全國圖書館文獻微縮複製中心《民國邊事文獻彙編》，北京：全國圖書館文獻微縮複製中心，2006 年。

36. 蔡鴻源主編《民國法規集成》，合肥：黃山書社，1999 年。

37. 張羽新《民國藏事史料彙編》，北京：學苑出版社，2005 年。

38. 甘肅省古籍文獻整理編譯中心《中國西北文獻叢書》，蘭州：蘭州古籍出版社，2008 年。

39. 中國國民黨中央黨史委員會《革命文獻》，臺北：中央文物供應社。

40. 徐友朋編《袁大總統書牘彙編》，上海：廣益書局，1927 年。

41. 岑德彰《中華民國憲法史料》，上海：上海印刷所，1933 年。

42. 北洋政府籌辦中俄事宜公署《中俄交涉的函、電、照會等》——蘇聯駐華大使館喀拉罕致外交部照會，1925 年 3 月 6 日。

43. 中國社會科學院近代史研究所《北洋軍閥 1912～1918》，第一卷，武漢：武漢出版社，1900 年。

三 古 籍

1. 〔清〕《清實錄》，北京：中華書局，1986 年。

2. 〔清〕于敏中《日下舊聞考》，北京：北京古籍出版社，1981 年。

3. 〔清〕《清世宗憲皇帝聖訓》，臺北：文海出版社，2005 年。

4. 〔清〕祁韻士《皇朝藩部要略》，臺北：文海出版社，1965 年。

5. 〔清〕雍正《大義覺迷錄》，北京：中國城市出版社，1999 年。

6. 〔清〕《承德府志》，瀋陽：遼寧民族出版社，2006 年。

7. 〔清〕趙爾巽：《清史稿》，北京：中華書局，2003 年。

8. 〔清〕（光緒朝）《大清會典事例》，北京：中國文化出版社，1992 年。

9. 〔清〕王先謙：《東華續錄》（順治朝），上海：上海古籍出版社，2007 年。

10. 〔清〕《理藩院則例》，北京：民族出版社，2006 年。

11. 〔清〕張穆《蒙古游牧記》，太原：山西人民出版社，1991 年。

12. 〔清〕徐景澄《許文肅公遺稿》，烏魯木齊：新疆人民出版社，1997 年。

13. 〔清〕袁大化、王樹枏、王學曾：《新疆圖志》，臺北：文海出版社，1965 年。

14. 〔清〕左宗棠《左文襄公奏稿》，光緒十六年刻本。

15. 〔漢〕司馬遷：《史記》，北京：中華書局，1985 年。

16. 〔漢〕班固《漢書》，北京：中華書局，1973 年。

17. 〔清〕嚴如熤《苗防備覽》，道光二十三年本。

18. 孟子：《孟子》，北京：中華書局，1998 年。

19. 公羊高《春秋公羊傳》，瀋陽：遼寧教育出版社，1997 年。

20. 荀子：《荀子》，瀋陽：遼寧教育出版社，1997 年。

21. 《禮記》，北京：中華書局，2005 年。

22. 〔漢〕鄭玄：《禮記正義》，北京：中華書局，1957 年。

23. 〔漢〕董仲舒《春秋繁露》，北京：中華書局，1975 年。

24. 〔漢〕賈誼《賈誼集·解懸》，上海：上海人民出版社，1976 年。

25. 〔清〕魏源《聖武記》，四部備要本。

26. 〔清〕《欽定大清會典事例·理藩院》，趙雲田點校，北京：中國藏學出版社，2006 年。

27. 〔清〕《宣統政紀》，北京大學圖書館收藏。

28. 〔清〕楊應琚《西寧府新志》，西寧：青海人民出版社，1988 年。

29. 〔唐〕房玄齡等《晉書》，北京：中華書局，1974 年。

30. 〔後晉〕劉昫等撰《舊唐書》，北京：中華書局，1975 年。

31. 〔宋〕歐陽修、宋祁等《新唐書·徐堅傳》，北京：中華書局，1975 年。

32. 〔宋〕王欽若等編《冊府元龜》，北京：中華書局，1960 年。

33. 〔清〕王粵麟《普安州志》，貴陽：貴州人民出版社，2006 年。

四 外文資料及譯著

1. 〔美〕R.M.基辛：《文化‧社會‧個人》，瀋陽：遼寧人民出版社，1988
年。

2. 〔日〕石川榮吉《現代文化人類學》，北京：中國國際廣播出版社，1988
年。

3. 〔美〕H.J.德伯里著，王民等譯《人文地理》，北京：北京師範大學出版
社，1988 年。

4. 〔蘇〕斯大林：《斯大林全集》，人民出版社，1953 年。

5. 〔蘇聯〕尼‧切博克薩羅夫、伊‧切博克羅娃《民族、種族、文化》，北
京：東方出版社，1989 年。

6. 〔俄〕A.A.哈吉姆巴耶夫《1931～1949 年新疆民族解放運動》，第 2 卷，
莫斯科，1974 年。

7. Sinking：Pawn or pivot? By Allen S. Whiting and General Sheng shih-Ts'
ai Chapter II.10, The final Break with Moscow 。

8. 〔英〕瓊斯（F‧C‧Jones）著，胡繼瑗譯《1931 年以後的中國東北》，
北京：商務印書館，1959 年。

9. 〔俄〕尤‧米‧加則諾維奇著，周紹珩譯《尼古拉與慈禧 則寧與孫中山》，
成都：四川人民出版社，1999 年。

10. 〔英〕林達‧本森、英格瓦‧斯萬博格著，陳海譯、胡錦洲校：《新疆的
俄羅斯人是如何從移民成為少數民族的》，《新疆社會科學情報》，1990
年第 10 期。

11. R　Greaves，Persia and the Defense of India　（London，1959）.。

12. 〔日〕若松寬著，馬大正等編譯《清代蒙古的歷史與宗教》，哈爾濱：黑
龍江教育出版社，1994 年。

13. 〔俄〕巴布科夫‧伊‧費著，王之相譯《我在西伯利亞服務的回憶 1859
～1875》，北京：商務印書館，1973 年。

14. 〔英〕馮客，魯忠惠譯《近代中國之種族觀念》，南京：江蘇人民出版社，
1999 年。

15. 〔日〕松本眞澄，魯忠惠譯《中國民族政策之研究——以清末至 1945
年的「民族論」為中心》，北京：民族出版社，2003 年。

16. 〔日〕毛里合子：《中國的周邊——民族問題與國家》，東京：東京大學
出版社，1998 年。

17. 〔英〕達林《俄國在亞洲的興起》,美國耶魯大學出版,1949 年。

18. 艾雷貝著,陳彝壽譯《西北建設論》,上海:商務印書館,1939 年。

五 論 文

1. 周昆田《三民主義之邊政建設》,《邊政公論》,第一卷,第一期。

2. 衛惠林《邊疆文化建設區站制度擬議》,《邊政公論》,第二卷,第一、二期。

3. 羅莘田《推行語政與宗教融合》,《邊政公論》,第三卷,第一期。

4. 胡耐安《邊疆問題與邊疆社會問題》,《邊政公論》,第三卷,第一期。

5. 衛惠林《如何確立三民主義的邊疆民族政策》,《邊政公論》,第三卷,第十二期。

6. 《邊疆自治與文化》,《邊政公論》,第六卷,第二期。

7. 周平《民族國家與國族建設》,《政治學研究》,2010 年第 3 期。

8. A.D.Smith,寧騷譯《民族主義的理論》,《民族譯叢》,1986 年第 1 期。

9. 羅莘田《推行語政與宗族融合》,《邊政公論》第三卷,第一期。

10. 胡耐安《邊疆問題與邊疆社會問題》,《邊政公論》第三卷,第一期。

11. 周崑山《三民主義邊疆政策》,中央文物供應社,1984 年。

12. 鄧翔海《天山回憶》,1956 年 1 月《主義與國策》半月刊。

13. 芝草《青藏公路是怎樣修成的》,《西北通訊》(南京),第 8 期,1947 年 10 月。

14. 曹國芳《蘇聯與三區革命前夕新疆邊境地區的社會政治局勢》,《北京科技大學學報》,2001 年第 3 期。

15. 薛銜天《論民族因素對蘇聯調停三區革命的影響》,《中共黨史研究》,2003 年第 1 期。

16. 朱培民《1943 至 1949 年蘇聯對新疆政策的演變》,《中共黨史研究》(增刊),1990 年。

17. 《邊疆自治與文化》,《邊政公論》,第六卷,第二期。

18. 羅莘田《推行語政與宗族融合》,《邊政公論》第三卷第一期。

19. 《甘肅省府開發西南邊區》,《邊政公論》第一期。

20. 蔣介石《爲學辦事與做人的基本要道》(1935 年 2 月 1 日),《江西地方教育》第 167、168 期合刊,1939 年。

21. 溫華莎《泛論西北民族問題》,《西北論衡》,第 7 卷,第 1 期,1939 年 1 月。

22. 《孫殿英部青海屯墾檔案史料選》,《民國檔案》,1994 年第 4 期、1995

年第 1 期。

23. 《孫殿英軍西開寧夏發生激戰》,《時事月報》(南京),第 10 卷,第 3 期,1934 年 3 月。

24. 芝草《青藏公路是怎樣修成的？》,《西北通訊》(南京),1947 年 10 月,第 8 期。

25. 沈杜榮、郭迎春《孫殿英屯墾青海問題再認識》,《固原師專學報》,1998 年第 5 期。

26. 〔英〕福布斯《新疆軍閥與穆斯林》,新疆社會科學院:《「雙泛」研究譯叢》第一輯。

27. 楊敬之《日本回教政策之全貌》,《回教青年月刊》第 4 卷第 10～11 期(1942 年 9 月 1 日)。

28. 《東方真理報》,第 200 號,1933 年 8 月 20 日。

29. 《日本侵略蒙古與日俄衝突》,第七年第十九期。

30. 《西陲宣化使公署月刊》,第 4～5 期。

31. 李國棟、李潔《哈密的札薩克旗制》,《周口師範學院學報》,2005 年第 4 期。

32. 王得勝《北洋軍閥對蒙政策幾個問題的初析》,《內蒙古近代史論叢》,第 3 輯,內蒙古人民出版社,1987 年。

33. 卓力克《關於阿拉善旗「小三爺事件」》,阿拉善盟地方志辦公室《阿拉善地方志通訊》,1985 年第 1 期。

34. 邁克爾:《19 世紀中國的地方主義》,《國外中國近代史研究》第 11 輯,中國社會科學出版社,1988 年。

35. 許建英《論楊增新時期英國對中國新疆政策》,《中國邊疆史地研究》,2007 年第 3 期。

36. 馬景:《馬元章「和為貴」思想初探》,《甘肅民族研究》,2006 年第 1 期。

37. 《邊聲周報》,第十九期,第 11 頁。《民國珍稀短刊斷刊》,甘肅卷(二)。

38. 《中亞的動盪與新疆的穩定》,《中亞研究》,1996 年第 2 期。

39. 陳斯英《近三十年來新疆政治的演變》,《中國青年》,1947 年第 4 號.

40. 孫宏年《蒙藏事務局與民國初年的邊疆治理論析》,《中國邊疆史地研究》,2004 年第 1 期。

41. 《邊事研究》,第二卷,第三期。

42. 《磴口糾紛解決》,《邊事研究》第三卷,第六期。

43. 《西北雜誌》,1913 年第 3 期,附錄。

44. 許建英《近代英國和中國新疆(1840～1911)》,黑龍江教育出版社,2004 年。

45. 黃定初《帝國主義侵略下我國邊疆之危機》,《邊政研究》,第二卷第五期。

46. 曾問吾《外蒙古侵略新疆之近史》,《邊事研究》1934 年創刊號。

47. 〔蘇聯〕《紅檔》雜誌,1926 年第 5 卷。

48. 張道藩《酸甜苦辣的回味》,臺北《傳記文學》第 1 卷第 6 期（1962 年版）。

49. 李國棟《民國時期的民族問題與民國政府的民族政策研究》,民族出版社,2007 年。

50. 鄭曉雲《孫中山的民族平等思想與民族發展》,《雲南社會科學》,1997 年第 1 期。

51. 孟樊《孫中山民族主義的種族理論》,《青海師範大學學報》,1998 年第 1 期。

52. 邱久榮《試析孫中山的民族主義與民族觀念》,《史學月刊》,2002 年第 2 期。

53. 李小蓉《論孫中山的民族主義思想》,《中南民族大學學報》,2003 年第 4 期。

54. 徐峰《南京國民政府宗教政策研究 1927～1937》,山東師範大學碩士畢業論文。

55. 黃建華《國民黨政府的新疆政策述論》,《西北史地》,1994 年第 4 期。

56. 嵇雷《民國前期新疆治理研究》,新疆大學碩士畢業論文。

57. 方素梅：《中華民國時期的邊疆觀念和治邊思想》,《中南民族大學學報》,2008 年第 2 期。

58. 彭謙、廉克訓《淺談民族政策與民族工作》,《黑龍江民族叢刊》,1997 年第 4 期。

59. 余梓東《「民族政策」定義推究》,《內蒙古社會科學》,1996 年第 3 期。

60. 李紅傑《也談民族政策的幾個理論問題》,《中央民族大學學報》,1995 年第 4 期。

61. 劉湘娟《新疆檔案館館藏民國檔案概況及重要檔案簡介》,《民國檔案》,2006 年第 4 期。

62. 劉家駒：《開發西北者應該怎樣準備》,《開發西北》第一卷,第二期。

63. 《國家今日急宜經營西北說》,《東方雜誌》第五年第六號,光緒三十四年六月三十五日,第 309～310 頁。

64. 壽昌《西北建設的前提——鐵道政策》,載《建國月刊》,1936 年第十四卷,第二期。

65. 胡煥庸《中國人口之分佈》,載《地理學報》,1935 年第二卷,第二期。

66. 張光祖《開發西北應先建設甘肅》,《西北問題論叢》（第 2 輯）,1942 年 12 月。

67. 江東江《楊增新》,《逸經》第 26 期。

68. 馬鶴天《開發西北與西北之前途》。《西北問題季刊》（上海），第 1 卷第 3 期，1995 年 5 月。

69. 戴季陶《開發西北工作之起點》,《西北》,新亞細亞學會,1932 年。

六　論　著

1. 陳正祥《西北區域地理》,上海：商務印書館,1948 年。

2. 朱戰春《我們的西北》,重慶：國民圖書出版社,1943 年。

3. 金炳鎬《民族理論通論》,北京：中央民族大學出版社,1994 年。

4. 孫中山《中山全書》,中山書局,1926 年。

5. 蔣介石《中國之命運》,重慶：正中書局,1943 年。

6. 新生活運動促進會編《蔣委員長抗戰言論集》,生活書店,1939 年。

7. 吳忠信《吳忠信主新日記》,新疆社會科學院歷史研究所圖書室藏。

8. 楊增新《補過齋文牘》,臺北：文海出版社,1965 年。

9. 張治中《張治中回憶錄》,北京；中國文史出版社,1985 年。

10. 馬鴻逵《馬少雲回憶錄》,臺北：龍文出版社股份有限公司,1994 年。

11. 陳秉淵《馬步芳家族統治青海四十年》,西寧：青海人民出版社,1981 年。

12. 寧夏省政府秘書處《十年來寧夏省政述要》,銀川：寧夏人民出版社,1988 年。

13. 張人鑒《開發西北實業計劃》,北平：北平出版社,1934 年。

14. 張之毅《新疆之經濟》,重慶：中華書局,1944 年。

15. 王樹基《甘肅之工業》,甘肅省銀行總行,1944 年。

16. 寧夏省政府秘書處《寧夏省政府行政報告》,寧夏省政府秘書處,1935 年。

17. 張其昀、任美鍔、盧溫甫《西北問題》,成都：成都出版社,1943 年。

18. 馬鴻亮《西北國防問題》,上海：上海經緯書局,1936 年。

19. 蔣君章《新疆經營論》,南京：正中書局,1936 年。

20. 徐蘇靈《新疆內幕》,亞洲圖書社,1945 年。

21. 周開慶《西北剪影》,臺灣商務印書館,1972 年。

22. 張明揚《到西北來》,商務印書館,1937 年。

23. 顧執中、陸詒《到青海去》,商務印書館,1934 年。

24. 盧前《新疆見聞》,中央日報社,1947 年。

25. 謝彬《新疆遊記》，上海：中華書局，1929年。

26. 王志文《甘肅省西南部邊區考察日記》，甘肅省銀行經濟室，1942年。

27. 吳忠禮《寧夏近代歷史紀年》，銀川：寧夏人民出版社，1987年。

28. 青海省志編纂委員會《青海歷史紀要》，西寧：青海人民出版社，1987年。

29. 張大軍《新疆風暴七十年》，蘭溪出版社出版，1980年。

30. 中國國民黨中央統計處《民國二十三年之建設》，南京：正中書局，1934年。

31. 丁煥章《甘肅近現代史》，蘭州：蘭州大學出版社，1989年。

32. 陳育寧《寧夏通史〈近現代卷〉》，銀川：寧夏人民出版社，1993年。

33. 崔永紅《青海通史》，西寧：青海人民出版社，1999年。

34. 洲塔《甘肅藏族通史》，西寧：青海人民出版社，2004年。

35. 新疆社科院歷史研究所《新疆簡史》，烏魯木齊：新疆人民出版社，1979年。

36. 楊建新《中國少數民族通論》，北京：民族出版社，2005年。

37. 張有雋、徐傑舜《中國民族政策通論》，南寧：廣西教育出版社，1992年。

38. 楊策、彭武麟《中國近代民族關係史》，北京：中央民族大學出版社，1999年。

39. 張植榮《中國邊疆與民族問題》，北京：北京大學出版社，2005年。

40. 余振貴《中國歷代政權與伊斯蘭教》，銀川：寧夏人民出版社，1996年。

41. 翁獨健《中國民族關係史綱要》，北京：中國社會科學出版社，2001年。

42. 劉進《中心與邊緣》，天津：天津古籍出版社，2004年。

43. 馬汝珩、馬大正《清代的邊疆政策》，北京：中國社會科學出版社，1994年。

44. 陳永正編《康有為詩文選》，廣州：廣東人民出版社，1983年。

45. 蘇德畢力格《晚清政府對新疆蒙古和西藏政策研究》，呼和浩特：內蒙古人民出版社，2005年。

46. 曹樹基《中國移民史》，福州：福建人民出版社，1997年。

47. 霍維洮《近代西北回族社會組織化進程研究》，銀川：寧夏人民出版社，2000年。

48. 楊建新：《中國少數民族通論》，北京：民族出版社，2005年。

49. 馮自由《革命逸史》，北京：新星出版社，2009年。

50. 《政務司各國懸案選輯》。

51. 白眉初《西藏始末紀要》，北平建設圖書館出版，1930 年。

52. 吳忠禮《寧夏近代歷史紀年》，銀川：寧夏人民出版社，1987 年。

53. 周秋光《熊希齡集》，長沙：湖南出版社，1996 年。

54. 慕壽祺《甘寧青史略正編》，蘭州俊華印書館，1936 年。

55. 張大軍《新疆風暴七十年》，臺北：蘭溪出版社出版，1980 年。

56. 閆麗娟《中國西北少數民族通史‧民國卷》，北京：民族出版社，2009 年。

57. 楊增新《補過齋文牘續編》，民國十五年刻本。

58. 周星《民族政治學》，北京：中國社會科學出版社，1993 年。

59. 羅志田《亂世潛流——民族主義與民國政治》，上海：上海古籍出版社，2001 年。

60. 吳福環、魏長洪等：《近代新疆與中亞經濟關係史》，烏魯木齊：新疆大學出版社，2000 年。

61. 洪滌塵《新疆史地大綱》，南京：正中書局印行，1935 年。

62. 李嘉穀《中蘇關係（1917～1926）》，北京：社會科學文獻出版社，1996 年。

63. 丁明俊《馬福祥傳》，銀川：寧夏人民出版社，2001 年。

64. 楊效平《馬步芳家族的興衰》，西寧：青海人民出版社，2002 年。

65. 陳崇祖《外蒙古近世史》，上海：商務印書館，1926 年。

66. 邱遠猷主編《中國近代官制詞典》，北京：書目文獻出版社，1991 年。

67. 白壽彝《回族人物志》，銀川：寧夏人民出版社，2000 年。

68. 虎有澤《張家川回族研究》，蘭州：蘭州大學出版社，2007

69. 俞鹿年《中國官制大辭典》，哈爾濱：黑龍江人民出版社，1992 年。

70. 余貴孝《固原歷史名人》，銀川：寧夏人民出版社，2008 年。

71. 馬通《中國伊斯蘭教派與門宦制度史略》，銀川：寧夏人民出版社，2000 年。

72. 寧夏哲學社會科學研究所：《清代中國伊斯蘭教論集》，銀川：寧夏人民出版社，1981 年。

73. 李忱、張世海、楊勇《甘肅民族研究論叢》（第二輯），蘭州：甘肅人民出版社，2005 年。

74. 楊效平《馬步芳家族的興衰》，西寧：青海人民出版社，2002 年。

75. 謝家榮：《謝家榮文集》，北京：中國地質出版社，2007 年。

76. 文公直《最近三十年來中國軍事史》，上海書店出版社，1930 年。

77. 金雲峰《小議辛亥革命以來回族時代特徵之轉變》,《第三次全國回族史討論會(蘭州會議)論文集》(1987 年),甘肅省圖書館館藏。

78. 張金海譯注:《近代報刊文選譯》,成都:巴蜀出版社,1997 年。

79. 吳紹璘《新疆概觀》,仁聲印書局,1933 年。

80. 李泰棻、宋哲元《西北軍紀實》,香港:大東圖書公司印行,1987 年。

81. 康民《馮玉祥在西北》,蘭州:甘肅人民出版社,1999 年。

82. 尹作權《國民革命軍入甘革命戰史》,蘭州:甘肅印刷局,1929 年。

83. 吳忠禮、劉欽斌《西北五馬》,鄭州:河南人民出版社,1993 年。

84. 《中國軍事史略》(民國叢書第一編),上海:太平洋書店,1930 年。

85. 丁煥章《甘肅近現代史》,蘭州:蘭州大學出版社,1989 年。

86. 霍維洮《近代西北回族社會化組織進程研究》,銀川:寧夏人民出版社,2000 年。

87. 丹曲、謝建華《甘肅藏族史》,北京:民族出版社,2003 年。

88. 王希隆《西北少數民族史研究》,北京:民族出版社,2003。

89. 馬鶴天《甘青藏邊區考察記》,蘭州:甘肅人民出版社,2003 年。

90. 康天國《西北最近十年來史料》,臺北:文海出版社,1990 年。

91. 王發:《殷鑒錄》,甘肅省圖書館藏。

92. 余振貴《中國歷代政權與伊斯蘭教》,銀川:寧夏人民出版社,1996 年。

93. 白振聲《新疆現代政治社會史略》,北京:中國社會科學出版社,1992 年。

94. 孫科《三民主義新中國》,商務印書館,1946 年。

95. 陽秋《甘亂雜志》,同文社印行,1916 年。

96. 青海省志編纂委員會《青海歷史紀要》,西寧:青海人民出版社,1987 年。

97. 馬汝珩、馬大正《清代的邊疆政策》,北京:中國社會科學出版社,1994 年。

98. 陳慧生、陳超《民國新疆史》,烏魯木齊:新疆人民出版社,1999 年。

99. 察倉・尕藏才旦《中國藏傳佛教》,北京:宗教文化出版社,2003 年。

100. 陳秉淵《馬步芳家族統治青海四十年》,西寧:青海人民出版社,1986 年。

101. 曾問吾《中國經營西域史》,上海:上海書店出版社,1989 年。

102. 王繼光《安多藏區土司家族譜輯錄研究》,北京:民族出版社,2000 年。

103. 翦伯贊《翦伯贊全集》,石家莊:河北教育出版社,2008 年。

104. 納·巴生、李凱等《和碩特蒙古史》,烏魯木齊:新疆人民出版社,2004年。

105. 賽福鼎《賽福鼎回憶錄》,華夏出版社,1993年。

106. 中國科學院近代史研究所資料編譯組《外國資產階級是怎樣看待中國歷史的》,北京:商務印書館,1961年。

107. 周東郊《新疆十年》,和平書局,1948年。

108. 蔡錦松《盛世才在新疆》,鄭州:河南人民出版社,1998年。

109. 新疆社科院歷史研究所《新疆簡史》,烏魯木齊:新疆人民出版社,1980年。

110. 寧夏省政府教育廳編印《寧夏省回教教長戰時教育問題討論會專刊(第1集)》,1938年8月,南京圖書館館藏。

111. 馬鴻逵《西北兩大問題》,寧夏省政府秘書處印行,1934年。

112. 勉維霖《寧夏伊斯蘭教派概要》,銀川:寧夏人民出版社,1981年。

113. 馬鴻逵《西北回漢問題之解剖》,寧夏省政府秘書處,1936年。

114. 教育部邊疆教育司《邊疆教育概況》,邊疆教育司,1947年。

115. 謝覺哉《謝覺哉日記》,北京:人民出版社,1984年。

116. 人民出版社資料室《批判資料中國赫魯曉夫劉少奇反革命修正主義言論集1923.8~1944.10》,北京:人民出版社,1967年。

117. 蔡尚思主編《中國現代思想史資料簡編》,杭州:浙江人民出版社,1983年。

118. 中國人民大學中共黨史系《中國國民黨歷史教學參考資料》,中國人民大學中共黨史系,1987年。

119. 張其昀主編《蔣總統集》,國防研究院、中華大典編印會,1961年。

120. 蔣介石《中國之命運》,正中書局,1943年。

121. 李宗樓《政治學概論》,北京:中國科技大學出版社,2005年。

122. 馬戎《西方民族社會學的理論與方法》,天津:天津人民出版社,1997年。

123. 俞可平《政治與政治學》,北京:社會科學文獻出版社,2005年。

124. 周星《民族政治學》,北京:中國社會科學出版社,1993年。

125. 劉志霄《維吾爾族歷史》,北京:中國社會科學出版社,1996年。

126. 賽福鼎《賽福鼎回憶錄》,北京:華夏出版社,1993年。

127. 中國社科院近代史研究所《中華民國史研究三十年》,北京:社會科學文獻出版社,2008年,。

128. 沈志華、李丹慧《戰後中蘇關係若干問題研究——來自中俄雙方的檔案

文獻》，北京：人民出版社，2006 年。

129. 張樹林、張樹彬《馬鴻逵傳》，銀川：寧夏人民出版社，2008 年。

130. 林恩顯《國父民族主義與民國以來的民族政策》，臺北：國立編譯館，1994 年。

131. 周昆田《中國邊疆民族簡史》，臺北：臺灣書店，1962 年。

132. 段林臺《中華民國憲法釋義》，太原：山西圖書協會發行，1948 年。

133. 吳忠信《吳忠信日記》，新疆社會科學院歷史研究所圖書室藏，

134. 張治中《張治中回憶錄》，北京：中國文史出版社，1985 年頁。

135. 陳光國《青海藏族史》，西寧：青海人民出版社，1997 年。

136. 洲塔、喬高才讓《甘肅藏族通史》，西寧：青海人民出版社，2004 年。

137. 新疆社會科學院宗教研究所編寫組《中國新疆地區伊斯蘭教史》，烏魯木齊：新疆人民出版社，2000 年。

138. 陳力《伊寧事變紀略》，南京：正中書局，1948 年。

139. 教育部蒙藏教育司《邊疆教育概況》

140. 劉曼卿《邊疆教育》，上海：商務印書館，1937 年。

141. 孫中山《孫中山選集》，北京：人民出版社，1981 年

142. 錢實甫《北洋政府時期的政治制度》，北京：中華書局，1984 年。

143. 金炳鎬《民族理論通論》，北京：中央民族大學出版社，2007 年。

144. 孫中山：《孫中山選集》，北京：人民出版社，1981 年。

145. 孫中山：《孫中山文集》，北京：團結出版社，1997 年。

146. 孫中山《孫中山集外集》，上海：上海人民出版社，1990 年。

147. 孫中山《孫中山全集》，第 1 卷，北京：中華書局，1981 年。

148. 孫中山《孫中山全集》，第 2 卷，北京：中華書局，1982 年。

149. 孫中山《孫中山全集》，第 7 卷，北京：中華書局，1985 年。

150. 孫中山《孫中山全集》，第 6 卷，北京：中華書局，1985 年。

151. 孫中山《孫中山集外集》，上海：上海人民出版社，1990 年。

152. 孫中山《孫中山全集》，第 9 卷，北京：中華書局，1986 年。

153. 孫中山《三民主義》，長沙：嶽麓書社，2000 年。

154. 張其昀主編《蔣總統集》，國防研究院、中華大典編印會，1961 年。

155. 孫中山《孫中山全集》，第 5 卷，北京：中華書局，1985 年。

156. 李鳴《中國近代民族自治法制研究》，北京：中央民族大學出版社，2008 年。

157. 覃光廣等主編《文化學辭典》，北京：中央民族大學出版社，1988 年。

158. 吳澤霖《人類學辭典》，上海：上海辭書出版社，1991 年。

159. 林耀華《民族學通論》，北京：中央民族出版社，1990 年。

160. 呂思勉《中國制度史》，上海：上海教育出版社，1985 年。

161. 鄭杭生《社會學概論新編》，北京：中國人民大學出版社，2003 年。

162. 劉晴波主編《楊度集》，長沙：湖南人民出版社，1986 年。

163. 曹錦清選編《民權與國族──孫中山文選》，上海：上海遠東出版社，1994 年。

164. 楊聖敏、良警宇主編《中國人類學民族學學科建設百年文選》，北京：知識產權出版社，2009 年。

165. 中共廣西壯族自治區委員會黨史研究室編《中國共產黨與少數民族人民的解放鬥爭》，北京：中共黨史出版社，1999 年。

166. 毛澤東：《論聯合政府》。

167. 韓劍飛編著《中國憲政百年要覽 1840～1954》，太原：山西人民出版社，2008 年。

168. 梁啓超《中國歷史研究法》，北京：人民出版社，2008 年。

169. 梁啓超《飲冰室合集》，北京：中華書局，1989 年。

七 文史資料、志書、報刊及其他

（一）文史資料

1. 《甘肅文史資料選輯》，第十一輯，蘭州：甘肅人民出版社。

2. 《甘南文史資料選輯》，第五輯，蘭州：甘肅人民出版社，1986 年。

3. 《甘肅文史資料選輯》，第二輯，蘭州：甘肅人民出版社，1987 年。

4. 《甘肅文史資料選輯》，第二十四輯，蘭州，甘肅人民出版社，1983 年。

5. 《甘肅文史資料選輯》，第十六輯，蘭州，甘肅人民出版社，1983 年。

6. 《甘南文史資料》，蘭州：甘肅人民出版社，1986 年。

7. 《甘肅文史資料選輯》，蘭州：甘肅人民出版社。

8. 《甘肅黨史資料》，第二輯，蘭州：甘肅人民出版社，1985 年。

9. 《武威文史資料》，1989 年。

10. 《西道堂史料輯》（內部資料），1987 年。

11. 《張家川文史資料》（第二輯），內部資料。

12. 《臨夏文史資料選輯》，第六輯（內部資料）。

13. 《甘肅文史》編輯部《甘肅文史》1989 年第 5 期。

14. 師綸《西北馬家軍閥史略》，甘肅文史編輯部，1989 年。

15. 宋幹臣《我所知道的馬福祥》，甘肅檔案館館藏。

16. 政協興仁縣委員會文史資料研究委員會：《興仁文史資料選輯》，1985年，內部資料。

17. 文斐：《我所知道的馬鴻逵家族》，北京：中國文史出版社，2004年。

18. 阿拉善盟政協文史資料委員會《阿拉善往事——阿拉善盟文史資料選輯》，銀川：寧夏人民出版社，2007年。

19. 文斐《我所知道的馬鴻逵家族》，北京：中國文史出版社，2004年、。

20. 寧夏回族自治區政協文史資料委員會《寧夏三馬》，北京：中國文史出版社，1988年。

21. 《寧夏三馬》，中國文史出版社，1998年。

22. 《寧夏文史》，第一輯，銀川：寧夏人民出版社，1988年。

23. 《新疆文史資料精選》，第二輯，烏魯木齊：新疆人民出版社，1998年。

24. 《新疆文史資料選輯》，第二輯，烏魯木齊：新疆人民出版社，1979年。

25. 《新疆文史資料選輯》，第六輯，烏魯木齊：新疆人民出版社，1980年。

26. 《新疆文史資料選輯》，第四輯，烏魯木齊：新疆人民出版社，1979年。

27. 王亞森、姚秀川主編《青海三馬》，北京：中國文史出版社，1988年。

28. 《青海文史資料選輯》，西寧：青海人民出版社，1986年。

29. 包爾漢《新疆五十年》，北京：文史資料出版社，1984年。

30. 《中華文史資料文庫》，北京：中國文史出版社，1996年。

（二）志　書

1. 黃奮生《蒙藏新志》，北京：中華書局，1938年。

2. 張其昀《夏河縣志》，臺北：成文出版社，1970年。

3. 哈密市地方志編纂委員會：《哈密縣志》，烏魯木齊：新疆人民出版社，1989年。

4. 喬拉什加編《黃南藏族自治州概況》，西寧：青海人民出版社，1985年。

5. 許崇灝《新疆志略》，重慶：正中書局，1945年。

6. 甘肅省志編纂委員會《甘肅省志》，蘭州：甘肅人民出版社，1989年。

7. 《寧夏固原史志叢書》，銀川：寧夏人民出版社，1991年。

8. 《甘南藏族自治州概況》，蘭州：甘肅民族出版社，1987年。

9. 甘肅省積石山保安族東鄉族撒拉族自治縣志編纂委員會編《積石山保安族東鄉族撒拉族自治縣志》，蘭州：甘肅文化出版社，1988年。

10. 馬福祥修《朔方道志》，天津：天津古籍出版社，1987年。

11. 新疆維吾爾自治區地方志纂委員會《新疆通志》，烏魯木齊：新疆人民出

版社，1992 年。

12. 《寧夏固原史志叢書》，銀川：寧夏人民出版社，1991 年。

（三）報 刊

1. 《東方雜誌》，光緒三十四年。第五年第六號，第八卷第十一號

2. 《申報》，1928 年 10 月 6 日。

3. 《申報》，1925 年 3 月 28 日。

4. 天津《大公報》，1934 年 7 月 6 日，1933 廿月 24 日，1933 年 7 月 23 日，1931 年 12 月 18 日。

5. 《新疆日報》，1936 年 7 月 15 日，1946 年 1 月 20 日。

6. 《移軍實邊與西北開發》，《申報》，1933 年 7 月 17 日。

7. 《天津大公報》，1933-4-24。

8. 《馬仲英致國府電》，《大公報》，1933 年 7 月 13 日。

9. 張治中《我的眞實的解答和嚴正的勸告》，《新疆日報》，1946 年 11 月 20 日。

10. 《陣中日報》，1945 年 2 月 3～4 日。

11. 《大公報社評》，《大公報》，1931 年 12 月 18 日。

12. 《陪都文化團體歡送拉卜楞代表團》，《中央日報》（重慶），1944 年 1 月 29 日。

13. 《大同報》（東京）第五號，1908 年 1 月 1 日。

14. 《時事月報》，1934 年 3 月。

（四）其 它

1. 甘肅省圖書館稿藏藏，《甘肅兵民政變史料》（第三期），劉郁芬：《甘肅省紳民代表大會講演錄》，甘肅省長公署編印《治甘行政簡要方針》（民國 15 年 8 月），《臨潭覆盆記》（手抄本），《甘肅近三十年教育史要》（初稿，手抄本），《甘肅省回教教育促進會寒假師資講習班結業紀念冊》（1949 年 1 月 22 日），《馬氏族譜》，《涼州文武職官銜名冊》（手抄本），《甘肅辛亥四十年政、兵、民三變史料》（第三期）。《甘肅省政府政令類編》（布告 民國 18 年）。

2. 青海省圖書館館藏，《青海省政府告本省蒙藏哈薩王公千百广書》（漢藏文本），《青海省政府宣言》，1929 年 1 月 24 日。

3. 南京圖書館館藏，寧夏省政府教育廳編印《寧夏省回教教長戰時教育問題討論會專刊（第 1 集）》，1938 年 8 月。

4. 盛世才《政府目前主要任務》，第 1 部，新疆民眾反帝會，1941 年。

5. 《蔣介石給國民黨政府行政院的批示》（1942 年 5 月），原件存南京史料整理處。

6. 陸軍第 82 軍參謀處編印：《士兵常識課本》，青海印書局。

7. 《中國回教救國協會第一屆全體委員代表大會特刊》，1939 年 12 月

8. 馬福祥：《擒獲王德呢瑪始末》手稿，稿存甘肅省文史館。

9. 《西蒙會議始末記》，西盟王公會議招待所編。

10. 殷子恒錄《武昌日知會與耶教之關係》，中國社會科學院近代史研究所藏稿本。

11. 寧夏省政府秘書處《十年來寧夏省政述要》，銀川：寧夏人民出版社，1987 年。

12. 寧夏回族自治區參事室《馬鴻逵家族軍發集團簡述》。

13. 坪內隆彥：《イスラー先驅者田中逸平・試論》，
http://www.asia2020.jp/islam/tanaka_shiron.htm.

14. 末代回王沙木胡索特。
http://club.xilu.com/kongfei37/msgview-11039-17571.html

後　記

　　2003 年秋，我離開家鄉，負笈蘭大。蒙王希隆先生獎掖，忝則門牆。2007
年秋，再次投身先生門下，以竟學業。

　　時光荏苒，轉瞬而逝。而如今業已七年光蔭，回首往昔，如若昨日。2003
年方入門時，先生鑒於我之基礎，導我以西北之近現代研究，從題目選擇到
日常研究涉獵，無一不悉心周到。而今思之，所痛者自己沒有抓住當時之機
會，潛心治學，而致時光蹉跎，空留餘恨。所幸者，2007 年又歸師門，幸遇
先生，得以重續夙願。先生之於吾輩之培育，無不悉到。百忙之中，總要抽
出時間，一則過問督促學業，二則解決讀書之中所遇之問題。對於我之學術
之歧路，先生無不一一指出，有時頗為嚴厲，使吾兢兢然不敢有懈。然入校
以來，亦深恐學無所成，愧對先生，以故不敢生懈怠之心。先生之人格、治
學令吾輩眾生難以忘懷，亦為吾日後治學之楷模。

　　而今，再次又要與生活與學習七年的中心告別，又要告別恩師與中心辛
苦培育我的諸位先生，我真誠地感謝中心的各位先生，特別是楊建新先生，
楊先生在治學中總是能給人高屋建瓴、撥雲見日，先生的每一句話都深深地
觸動著我、影響著我，先生淵博的學識、豁達的人生也時刻激勵著我在治學
道路上克服困難、迎難而進。他的治學態度、人生哲理也將使我終身受益不
盡。

　　三年求學，中心諸位先生亦使我受益匪淺。徐黎麗先生、洲塔先生、趙
利生先生、宗喀先生對於我在治學道路上的成長也都給與了指導和幫助，他
們的治學態度、淵博知識令我受益匪淺。中心的切排先生對於我在治學過程
中遇到的問題總是不厭其煩地對我解釋，武沐先生對我的學業進展也時時關

心，在此對他們也深深地表示謝意。

在此三年的研究生生涯中師兄楊林坤、王力老師對我的學習和生活也多有關心和幫助，對於我在學習中遇到的難題，幫我分析解決，在此也一併致以感謝！

感謝同學李潔、王力、齊德順、馬海壽，在這三年中，他們在對於我的困難總是伸出援助之手，幫我度過了一個個難關，給予了我無私的幫助。特別是王力，既是同學，又是兄弟，亦爲朋友。在這三年中，他們陪我度過了風風雨雨，一直到今天。

感謝愛人喬愛萍，七年來的求學之路，離不開她在背後無怨的支持。自己非屬成功的男人，但背後已經站了一位偉大的女人。她的關愛與支持陪伴著我走過了著七年的求學之路，今後還要一直走下去，此種情份，無以言表。

回想博士論文的完成過程，既有困難，亦有快樂。面對著即將脫稿的論文，裏面還有以待今後完善補充之部分，對於論文中未盡之處，在今後的時間裏還要進行不斷的完善補充，以期使其至於完善。